世界の幽霊出現録

ブライアン・インズ 著
大島聡子 訳

日経ナショナル ジオグラフィック社

世界の幽霊出現録

本書は英Amber Booksの「GHOST SIGHTINGS」を翻訳したものです。
内容については原著者の見解に基づいています。

はじめに

「ghost（ゴースト・幽霊）」を辞書で引くと、その由来は不思議なほど曖昧にしか説明されていない。ある辞書にはゲルマン語でいうガイスト（geist）に当たると書いてある。しかし、ガイストが歴史に登場した頃には、すでに今の幽霊や霊魂と同じ意味を持っていた。別の辞書には、北欧語の「angry（アングリー・怒っている）」から派生した言葉だと書かれている。一陣の風を意味する「gust（ガスト・突風）」と起源を同じくする言葉であるとの説もある。確かに神学者は聖霊（Holy Ghost）のことを「神の息」と呼ぶことがある。そういえば、心霊現象が起きるときに、冷たい風が吹いたり、風の音や鳥の羽ばたきの音が聞こえてきたりすることが多いというのも興味深い。

由来はどうあれ、幽霊という言葉を知らない人はいないし、私たちはその意味を十分理解しているつもりだ。しかし、問題はどう理解しているかである。1950年代に、オックスフォード大学の哲学者で超心理学に詳しいH・H・プライスは、「幽霊を信じますか？」と問われたとき、その言葉が定義されるまで答えることはできないと言った。プライスと同時代の哲学者C・E・M・ジョードも、「幽霊という言葉をどういう意味で使っているかによる」と答えている。

いつも冷静に客観的にものを見る人でも、「そこにいない」はずの何かを感じた経験はいくらでもあるだろう。その不思議なものを表す言葉は、「幽霊」のほかにもたくさんある。亡霊、生霊、霊、魂、精霊、お化け、妖怪、ゴースト、スピリット、ファントム、ポルターガイスト。そこにもう一つ、ハルシネーション（幻）も加えておこう。

過去の文化に見られる幽霊

古代ギリシャの哲学者プラトンの著作『パイドン』のなかに、「墓の周りや墓地をさまよう魂たちの話を知っているだろう」という記述がある。古代の人々は、死者の魂は亡くなった場所や埋められた場所にとどまるものだと信じていた。それだけでなくプラトンは、霊とは人に害を及ぼすものだとも信じていたようである。「そのような場所をさまよっている魂は、生前に悪い人生を送った罰なのだから、善良なものではなく危険なものであるのは明らかだ」

グレゴリウス１世の『対話編』には、中世初期からの幽霊話も集められている。

キリスト教が「ダイモニオン」というギリシャ語について意図的に異なった解釈をしたことで、この問題は複雑なものになった。紀元前5世紀頃のソクラテスの時代には、ダイモニオンという言葉は、悪い行いをしないように自分の魂を導いてくれる「内なる声」という意味だった。だが、キリスト教の理論家たちは、悪の手下やデーモン、デビルといった邪悪な存在を表す言葉としてこの言葉を使い始めた。何

1891年にコンバーミア修道院の図書室で撮影された写真。コンバーミア卿に似た人影が椅子に座っているように見える。実はこの写真が撮られたのは、彼の葬式が行われている最中だった。

百年もの間、キリスト教ではすべての霊を、悪い魂かサタン自身が現れたものと見なしていた。ポルターガイスト現象を引き起こしたり、トランス状態になってしゃべりだしたりする人は、「取り憑かれ」ているのだから、魂を取り戻すために戦わなければならないとされたのだ。

中世初期からの幽霊話が、グレゴリウス1世の『対話編』（590〜604年）に数多く収録されている。それによると、その頃の幽霊たちは煉獄《れんごく》でずいぶん苦しんでいる。しかしその苦しみは魂のための祈りを捧げられることで、かなり和らげられたとも語られている。だからデーモンが出没するような場所では、ベルと聖書とろうそくを用いて魔除けの儀式を行わなければならなかった。やがてキリスト教は内部に異端がいることを恐れるようになり、想像上のデーモンに戦いを挑むという名目で、何千人もの罪のない人々が焼かれて死んだ。

悪意？

本書で紹介する話に、悪霊の仕業だとされているものはほとんどない。人々が恐怖に逃げ惑うような話でも、その話を伝えた人は大げさに驚いたりせず、見たり聞いたりしたことを客観的に記録している。人間と幽霊との間に共感がまったく見られないと気づくことも多い。研究によれば、どんなポルターガイストのケースでも、「悪意」は人から生じている可能性が高いという。人がこの世のものでも人間のものでもない力の場を利用して、心霊現象を起こしていたのだと。

第1章

大昔の幽霊

19世紀以前、
人は幽霊に種類があるとはあまり考えていなかったようだ。
善いものも悪いものも、やかましいものも静かなものも、
見えるものも見えないものも、すべて「スピリット（霊魂）」だった。
そういうわけで、この章では、降霊術（ネクロマンシー）から
危機幻像（クライシス・アパリション）、
ポルターガイストまでさまざまな物語を紹介する。

エンドルに現れた霊

場　所○エンドル（イスラエル）
時　代○紀元前8世紀

　霊を呼び寄せて何かを尋ねたという記録では、旧約聖書のサムエル記に残されているものが最も古い。イスラエル王国初代の王サウルは、民衆に愛されているダビデをねたみ、暗殺をもくろんでいた。当時、イスラエルはペリシテ人による侵略の脅威にさらされ、サウルはストレスからうつ病に苦しんだり、ひどいかんしゃくを起こしたりしていた。一方、サウルの手から逃れ、ネゲブという荒れ野に入っていったダビデは、そこでも人々の心をしっかりと捉えていた。いつしか彼の周りには、サウルに不満を持つ者が集まり、その数はどんどん膨れ上がっていった。

　ワラにもすがる思いで、サウルは従者たちに命じた。「霊を呼び寄せる女を探し出せ。その女に会いにいき、導きを得よう」。エンドルにそれができる女がいることを突き止めると、王であることを悟られないように変装して、二人の兵を従え、暗闇の中を急いだ。そして、女に会うと、どうか自分を助けてほしいと訴えた。しかし、女は言った。「あなたは王が何をしたか知っておいででしょう。王は口寄せや魔法使いをこの地から追放したのです。なぜ私をわなにかけ、命を奪おうとするのですか」

　サウルは女に、決して危害が及ぶようなことはないからサムエルの霊を呼び寄せてほしいと懇願した。サムエルというのはサウルを王にした預言者である。女はしぶしぶ承知したが、霊を呼び寄せると急におびえだした。「神々が地の底から上ってきたのが見えました。やって来たのは老人です。マントを羽織っています」。その老人こそがサムエルだった。サウルはふかぶかと頭を下げた。なぜ眠りを邪

ギュスターブ・ドレの描いた、女に呼び出されたサムエルの霊。「なぜお前は私の平安を乱してまで、ここに呼び出したのか」と、霊に問いただされ、サウルは気を失う。

魔したのかとサムエルが問いただすと、サウルは「つらくてしかたがないのです。ペリシテ人からは戦いを挑まれ、神は私から離れていってしまわれました」と答えた。すると、サムエルは、「主はなんじの手から王国をもぎ取り、ダビデへとお与えになったのだ。なぜなら、なんじは主の声に従わなかったではないか……。主は、なんじらとイスラエルをペリシテ人の手にお渡しになるつもりでいる。明日には、なんじと息子らも、私の元に来ることになるだろう……」

あまりのことにサウルは倒れ、正気を取り戻すま

エンドルの魔女を描いた、最も古いとされる絵

COLUMN

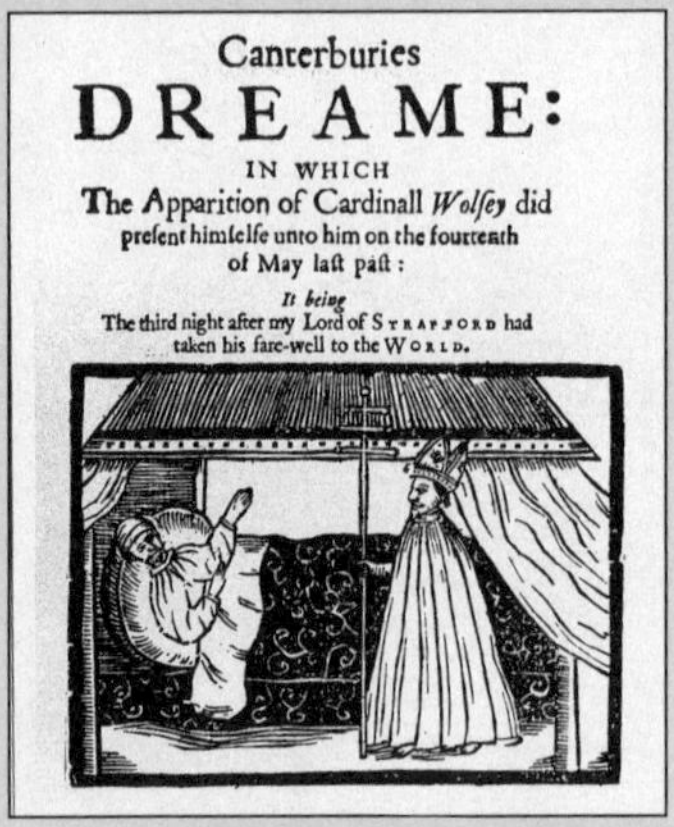

Canterburies
DREAME:
IN WHICH
The Apparition of Cardinall *Wolsey* did
preſent himſelfe unto him on the fourteenth
of May laſt paſt:
It being
The third night after my Lord of STRAFFORD had
taken his fare-well to the WORLD.

100年以上も前に死んだウルジー枢機卿の霊が、カンタベリー大主教の枕元へ立った。1641年5月12日にストラフォード伯爵トマス・ウェントワースが反逆罪で首をはねられた、その2日後のことだった。

で、女の世話にならなければならなかった。霊の預言はすぐに現実のものとなった。三人の息子はギルボアの戦いで殺され、重傷を負ったサウルも、自ら命を絶った。こうして、ペリシテ人討伐はダビデの手に委ねられたのである。

考察

サウルが直接サムエルと話をしたのか、それともトランス状態に入った女が霊との仲介役をしていたのかはわからないが、どちらにしろ女が降霊術を行っていたことは間違いない。つまり、この話はただ亡霊が現れたということではなく、死んだ者の魂をわざわざ呼び出し、預言をさせたのだ。実は、この時代、降霊術は禁止されていた。サムエルの霊が自分の意思で出てきたのではないことは、はっきりと描かれており、それっきり霊が現れるということもなかった。

マラトンの幽霊

場　所○マラトンの古戦場（ギリシャ）
時　代○紀元前490年以降
報告者○パウサニアス

マラトンの戦いで、ミルティアデス率いるアテネ軍がペルシアの大軍を撃退したのは、紀元前490年9月のことだ。ペルシア軍が6400人もの死者を出したのに対し、アテネ軍の死者はわずか192人。その戦場には、アテネ軍戦士の魂を祀った塚が作られた。紀元後150年頃に『ギリシャ案内記』

マラトンの戦い（紀元前 490 年）で散ったギリシャ人兵士たちの霊を慰めるために塚が築かれた。何世紀も過ぎたパウサニアスの時代にも、そこでは戦場の騒音が聞こえてくると伝えられていたという。

を書いたパウサニアスは、マラトンの戦場についてこう記している。

「平原にはアテネの兵士たちの墓地がある。戦死者の名前の入った墓標が、部族ごとに並んでいる。夜になると、戦場の馬のいななきや男たちの雄叫びが、どこからともなく響いてきて、それは明るくなるまで続く。幽霊たちは、偶然この地へ迷い込んだ者には寛大だが、好奇心から乗り込んできた者には容赦しない。マラトンの人々は、『英雄』として戦没者の魂と、地名の由来となった半神『マラトン』を崇拝している。そして、ヘラクレスを神としてあがめ、それを始めた最初のギリシャ人は自分たちだとして誇りに思っている」

考察

大勢の人々が肉体的にも精神的にも苦しみながら死んでいき、故郷から遠く離れた土地に弔われもせずに埋められたのだから、そこが恐ろしい心霊スポットになったとしても不思議はない。また、無遠慮に押しかけてくる輩《やから》と、何も知らずにうっかり足を踏み入れた人とでは、幽霊の態度も違ってくる。『ギリシャ案内記』はそのようなことが書かれた最も古い文献であるという点が、何より興味深い。

ギィ・ド・トルノの声

場　所○アレス（フランス）
時　代○1323年12月
報告者○ジョン・ゴビー

この哀れな幽霊の話で特に興味深いのは、14世紀という大昔に、心霊現象を多少なりとも科学的な考えに基づいて詳しく調査したという点である。

1323年12月、南フランスのアビニョンから70キロほど離れたところにあるアレスという町で、ギィ・ド・トルノという商人が亡くなった。ところが、埋葬されて幾日もたたないうちに、おかしな噂

不気味な現象を心霊的なものとして調査したという例では、南フランスのアレスに残る記録がかなり古い。商人ギィ・ド・トルノの死後、彼の魂が夜な夜な自宅に現れた。それを二度と現れないようにしたのは、町の修道院の副院長だった。

が飛び交うようになった。ギィの魂が自分の家に戻ってきて、妻につきまとっているというのだ。

この噂はアビニョンにまで届いた。14世紀初めというのは教皇庁がフランス南東部のアビニョンに移されていた「アビニョン捕囚」の時代で、このときの教皇はヨハネス22世だ。彼は騒動を耳にすると、アレスにあるベネディクト修道院の副院長ジョン・ゴビーに調査を命じた。クリスマスの日、ジョンは三人の修道士を伴い、ギィの家へ向かった。彼らのあとを、町の住民が大勢ついていく。到着して彼らがまず始めたのは、家の内と外を調べることだった。パイプを使って離れた場所から声を送ったり、音を不気味に反響させたりといったトリックが隠されていないことを確認するためだ。それが済むと、信頼のおける住民を数人、庭の見張りにあたらせた。

ギィの妻が言うには、幽霊の声はベッドに寝ているときに、一番はっきりと聞こえてくるらしい。そこでジョンは、ギィの妻と年配の女性の二人をベッドに横にならせ、自分たちは部屋の四隅にそれぞれ座った。ジョンと修道士たちが死者のための祈りを唱え始めてまもなく、サーサーと床を掃く――報告では、堅いホウキで掃くような――音が、どこからともなく聞こえてきた。妻は恐怖で悲鳴を上げた。ジョンは、この音の主はギィ・ド・トルノかと尋ねた。消え入りそうな声で答えが返ってきた。「そうだ、私はギィだ」

その間にも、家の外の人だかりは大きくなっていた。皆、霊が悪魔の化身ではないかと疑っているのだ。彼らが家の中で起きていることを知りたがったため、ジョンは、10人ほどを部屋に入れ、ベッドを囲むように立たせた。すると、どこからか、自分は悪魔的な存在などではないという声が聞こえてきた。だが、やはり霊であることは間違いなく、生前、この家の中で犯した罪が神に許されていないため、離れられずにさまよっているという。その罪とは、姦通である。この時代、不貞行為は教会から破門されるほどの重罪だった。このときジョンは、聖体拝領用のパンとワインを入れた小さな銀の箱を、ローブの下に隠し持ってきていたのだが、ギィだけはそのことに最初から気づいていたようだ。ジョンがギィに、もう一度聖体拝領を受け、神の許しを得られることを伝えると、ギィは「ため息を一つつき、旅立っていった」

考察

ジョン・ゴビーはギィの家を調査した詳細を、アビニョンの教皇へ報告している。当時、このような騒動に対して多少なりとも科学的に調査するのは大変に珍しいことだった。悪魔の存在を誰もが信じ、「ベルと聖書とろうそく」を使った悪魔払いをして、教会も人々も安心していた時代だ。

ただ、心霊研究者の立場から言わせてもらうと、魂をすぐに旅立たせてしまったのは非常にもったいなかった。幽霊が出没していた期間があまりにも短いため、それ以上の踏み込んだ調査をする機会が奪われてしまったからだ。しかしおかげで、世間の注目を集めるために、ギィの妻が幽霊が出るとウソをつき、それらしい声を腹話術で出していたのではないかという疑いは消すことができた。もし注目を集めたいだけなら、調査隊が帰ったあとにも、妻は懲りずに騒ぎを起こしていたはずである。

パイプを使って遠くから声を送ったり、煙突に隠れたりしていたのではという意見もあるが、ジョンは現地についてすぐ、家の内外をくまなく調べている。残る可能性は、妻が霊媒となり言葉を発することくらいか。

面白いのは、現代でも心霊現象にありがちな「スウィーピングサウンド（ホウキで掃くような音）」が、このときすでに報告されていたということだ。

テッドワースのドラマー

場　所○ノース・テッドワース（イングランド、ウィルトシャー州）
時　代○1662〜1663年
報告者○ジョン・モンペソン、妻と子
調査員○ジョーゼフ・グランビル牧師

1662年3月、英国ウィルトシャー州の地方判事ジョン・モンペソンがラガーショールに仕事で滞在していたとき、通りでドラムをたたくウィリアム・ドルーリーという男に出会った。ドルーリーの持つ許可証が偽物であることに気づいたモンペソン判事は、彼を警察へ引っ張っていき、ドラムは管財人に預けることにした。数週間後、管財人がそのドラムを、テッドワースにあるモンペソンの自宅へ送りつけた。モンペソンの母親はそれを孫たちに与えて好きなようにたたかせていた。

モンペソンが仕事を終えテッドワースへ戻ってきたのは、5月4日。彼は妻から「夜中に泥棒がやって来て大騒ぎをするものだから、みんなで震えていた。家を壊されるかと思った」と聞かされた。3晩たつと、その大騒ぎが始まった。まるで「扉や家の外壁を、とてつもない力でたたいている」ようだった。モンペソンはピストルを手に、外を調べた。しかし、何も見つからない。家の中に戻ってくると、今度は、屋根をドカンドカンとたたく音がする。大騒ぎの音はしばらく続いていたが、次第に小さく消えていった。

この夜のあとも数日間、断続的に音は鳴っていた。それも、あのドラムを置いてある部屋から聞こえてくるようだった。モンペソンはベッドをその部屋に運び入れ、ドラムを見張ることにした。「1週間

ジョーゼフ・グランビル牧師の著書『サドカイ派への勝利』の口絵では、テッドワースのドラマーが、下等な霊たちを従えた悪魔のような姿で描かれている。

に4～5晩も、不気味なドラムの音がとどろき、窓やベッドまでをも震わせた」。それが始まる前には、決まって風の音が家中に響き渡った。そして、「衛兵が交代するときにたたくリズムを、この世のどんなドラマーよりも上手に正確に」、2時間ほども打ち鳴らすのだ。その後、ドラムは別の部屋へ移っていき、「さまざまな音をまねる。板に豆をばらまいたり、馬の足に蹄鉄《ていてつ》を打ったり、のこぎりをひいたりするような音だった」

そんな騒ぎのなか、モンペソンの妻が赤ん坊を産んだ。妻が寝込んでいるうちは、音も遠慮していたようだが、3週間ほどで妻が元気になると、前よりももっと暴力的に打ち鳴らすようになった。子ども部屋のベッドなどはあまりに激しく震えるので、バラバラに壊れてしまうのではないかと思うほどだった。「1時間ほど、不貞の妻と寝取られ男という曲を演奏する。それからベッドの下に潜り込み、鉄の爪でも持っているのか、ギイギイとひっかく。子どもたちを空中に放り投げる。驚いて逃げだした子どもたちを、部屋から部屋へ、どこまでもしつこく追いかけ回す」

不可解な出来事はそれだけではなかった。板がひとりでに動き回り、使用人や客に襲いかかった。「イスもガタガタと歩き回り、子どもたちの靴は頭の上を飛び交っていた。とにかく手当たり次第に、かたっぱしから放り投げるという感じだった」。子どもたちは近所の家へ預けられることになった。ただ、10歳の長女だけは家に残り、モンペソンの部屋で一緒に寝るという。その部屋では、もう1カ月も何も起きていない。ところが娘がベッドに入った途端に霊が騒ぎ出し、3週間も止まなかった。しばらくして、ほかの子どもたちも家へ帰ってきたのだが、やはりすぐに寝間着や髪の毛を引っ張られるというので、しかたなく、またよその家へ預けられた。

ちょうどその頃、チャールズ2世の宮廷付き牧師で、科学者の知り合いの多いジョーゼフ・グランビルという人物が、『サドカイ派の勝利』という妖術に関する本を出版している。彼はその本のなかで、モンペソン宅で自分が実際に体験したことをつづっている。「大きな音がした。長い爪で硬い補助枕をひっかいているような音だった。ベッドには、7～11歳くらいの娘が二人、おとなしく寝ている。手は二人とも、体の前に出していたから、枕の下から聞こえてくるその奇妙な音に、彼女たちが関わっていないのは明らかだった」
グランビルはベッドやその後ろの壁も念入りに調べてみたが、何も見つからなかった。「騒音の主は、30分ほどギィギィと騒いでから、娘たちの寝ているベッドの木枠の中に入り込み、イヌのようにハァハァと言っている。窓や部屋全体を振動させるほどの大音量で音が鳴り始めた」。モンペソンの家では、そのような騒がしい現象がひっきりなしに起こっていたのだが、ある日ぴたりと収まった。1663年4月、すべては再び静かになったのである。

考察

この事件は客観的で詳細な記録が残っているため、昔から多くの心霊研究者たちが興味を抱いてきた。ジョン・モンペソン判事は「幽霊の出現ははた迷惑ではあったが、家族はあまり怖がらなかった」と言っている。グランビル牧師も「その家のどの部屋にいても、恐ろしさは、その話を書いている今とあまり変わらない程度のものだった」としている。

このテッドワースのドラマーという事件には、典型的なポルターガイストの現象がすべて詰まっている。ドンドンとノックする音やコツコツたたく音。それらはだんだん激しくなり、ひっかくような音もするようになる。髪の毛や寝具が引っ張られる。家具などが移動する。そして、ポルターガイストの事件でよく指摘されるように、このケースでもやはり思春期前の女の子が中心にいる。さまざまな現象は、この女の子の周りで集中的に起こっているように見える。

ただ、この騒動には、もっと邪悪な要素も含まれている。話の初めに出てきたドラマー、ウィリアム・ドルーリーという男だ。彼は豚を窃盗した罪でグロスターの牢屋《ろうや》へ入れられ、大事なドラムを没収されている。ある男がウィルトシャーから牢屋にいるドルーリーを訪ねたとき、ドルーリーはその男に告白している。「オレはやつ（モンペソン）を苦しめてやった。ドラムを手放して、オレを安心させない限り、やつに静かな夜が訪れることはない」

怒ったモンペソンは、ドルーリーに魔術を使った罪で裁きを受けさせようとした。１６７４年8月8日付けの書状に、こう書いてある。「私は、重罪で収監されていたにもかかわらずグロスターの牢屋から逃げ出したドラマー（ドルーリー）を捕まえ、ソールズベリーの刑務所へ収容させた。ドルーリーを、私の自宅で魔術を使った重罪人として起訴する。邪悪な魂に餌を与えたり、その力を借りたり、見返りを与えたりすることは重罪と法律で決められている」。ところが、「なかなか難しい問題ではあったが」、陪審員団はドルーリーを無罪にした。

魔術については罪を問われなかったドルーリーだが、辺境の地へ追放されることになった。しかしグランビルによれば「嵐を起こして船乗りたちを怖がらせ」、逃亡し、英国へ舞い戻ってきたという。そしてドルーリーが帰ってくると、やはりモンペソン宅の騒音が始まった。だが、それまでのことも含め、ドルーリーの仕業とする証拠がどこにもない。彼が牢屋にいる間、奇怪な現象を起こしていた共犯者がいたのか、それとも自分ひとりで遠く離れた牢屋から霊的な力を発揮していたのか、はたまた、それこそ本物のポルターガイストで、まったく無関係だったドルーリーが偽の犯行声明を出しただけだったのか。今となっては、知ることはできない。

ヴィール夫人の最後の旅

場　所○カンタベリー（イングランド、ケント）
時　代○1705年9月8日
報告者○ダニエル・デフォー

この話が世に出たのは、英国のジャーナリストであり作家でもあるダニエル・デフォーが『ヴィール夫人の亡霊の本当の物語』という作品を発表した1706年のこと。デフォーはそのなかで、その事実について自分が一番把握していると確信していると書いている。「人はみな、確信や裏づけがなければ物事を解決できないといい、事実について延々と議論し続ける。それが私には不思議でならない。バーグレイブ夫人の正直で信頼のおける人柄は、どんな場合であっても疑う余地のないものだ」

ヴィール夫人とバーグレイブ夫人は昔からの親友だ。二人はドーバーで育ったのだが、バーグレイブ夫人は事件の数カ月前にカンタベリーに引っ越し、実家で暮らしていた。そして1705年の9月8日、夫人は居間にあるお気に入りの椅子に座って針仕事をしてい

『ロビンソン・クルーソー』で有名な小説家ダニエル・デフォーは、ジャーナリストでもあり、パンフレットの制作者でもあった。ほとんどのパンフレットは政治色の強いものだったが、1706年に発表された1冊には人智を越えたものについて書かれていた。

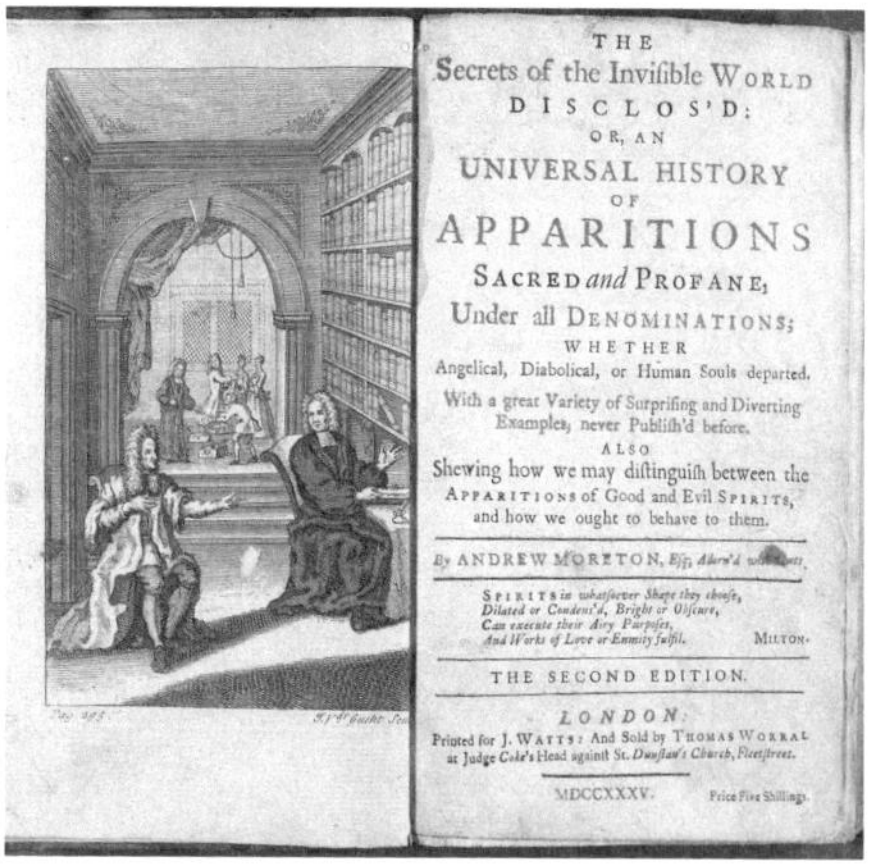

ダニエル・デフォーは超常現象の体験をまとめ、アンドリュー・モートンというペンネームで『見えない世界の秘密』（1735年）を出版した。

た。ヴィール夫人が玄関のドアをノックしたのは、ちょうど時計の鐘が正午を知らせたときだった。ヴィール夫人の突然の訪問に、バーグレイブ夫人は驚いた。しばらく連絡が途絶えていたからだ。バーグレイブ夫人がキスをしようと近づくと、「唇が触れる寸前に、ヴィール夫人は手で目をこすり『私は病気なので』と言って」身を離した。

ヴィール夫人は、これから旅に出るから、その前に会いにきたと言う。彼女がたった一人で旅に出ると聞いて、バーグレイブ夫人はとても信じられない気持ちだった。ヴィール夫人は言った。「旅立つ前に、どうしてもあなたに会っておきたかったのよ」

バーグレイブ夫人はヴィール夫人を居間に招き入れ、さっきまで自分の座っていた椅子に座らせた。話をしながら、「ヴィール夫人はしきりに目に手をやり、病気のせいで自分は前と変わって見えるのではないかと尋ねた。バーグレイブ夫人は、いいえ、昔と変わらず元気そうに見えますよ、と答えた」

それから、二人は昔話に花を咲かせた。ヴィール夫人は、しばらく音信不通だった非礼をわびた。「許してくれるかしら。あなたは私にとって、とても大切な友だちなのです」。バーグレイブ夫人は、許すもなにも、悪く思ったことなど一度もないと伝えた。とはいえ、自分の不幸な境遇を憂い、孤独感にずっとさいなまれてきたこともあり、少しさみしげにこう付け加えた。「ただ、ほかのみんなと同じように、あなたも幸せになって、私とのことなど忘れてしまったのだろうと思っていました」

それから、二人で仲の良かった昔を思い出し、あれこれと話をした。その頃は、いつまでしゃべっても足りないくらいで、互いに同じ本を読みあった。本といえば、ヴィール夫人は、シャルル・ドレリンコートの死に関する本のことが忘れられないのだという。その本ほど死について明確に書かれているものはなく、読めば心から安心するのだと夫人は言った。

「友情とは素晴らしいものだと話していたとき、ヴィール夫人がこう言った。『ああ、バーグレイブ、あなたのことを、これからもずっと愛しているわ』。そして、ヴィール夫人は別れを告げて、バーグレイブ夫人が送っていくというのも聞かずに一人で歩き出し、じきに町角を曲がって見えなくなった。それが、午後1時45分のことだった」

デフォーの報告によれば、ヴィール夫人はけいれんの発作で、9月7日の正午に亡くなっている。それは、バーグレイブ夫人が玄関のノックの音を聞いたちょう

COLUMN

シーザーの亡霊

シェークスピアの『ジュリアス・シーザー』には、シーザーの亡霊がブルータスの天幕を訪れるシーンがある。敗色が濃くなってきた頃、ブルータスは部下に言った。「シーザーの亡霊が私の前に現れた。最後の時が来たということだ」。そして彼は自分の剣で命を絶つ。

ど24時間前のことだ。

考察

これは、いわゆる「危機幻像（クライシス・アパリション）」（致命的な危機が迫っている人が物理的な距離を超えて家族などの前に現れること）を理解するのにとても良い例だ。心霊研究協会（SPR）が1984年に行った幻影（ハルシネーション）についての調査では、この種の事例がたくさん報告されている。不慮の死に見舞われた人が、ほぼ同時刻に家族や友人の前に現れる。何かメッセージのようなものを伝えることもある。驚くのは、ヴィール夫人が、自分がもうすぐ旅立たなければならないことに気づいていること、また、大切な友人に違和感や不信感を持たせてはならないと考えていることだ。間違いなくそのような想いは、生前に『死に関する本』を読んでいたからこそ生まれたもので、その本は人生の最後の時にも、夫人の心に影響を与えていたのである。

ジェフェリーじいさん

場　所○エプワース牧師館（イングランド、リンカンシャー）
時　代○1716〜1717年
被害者○サミュエル・ウェスレー牧師とその家族

ジョン・ウェスレーは、後にメソジスト派の開祖となる人物だ。1716年12月、ロンドンの学校にいた13歳の彼は、リンカンシャーの自宅で起きた奇妙な事件のことを母親からの手紙で知らされる。

「12月1日に、メイドたちが食事室で重苦しいうめき声を聞いたというのです。まるで今にも死にそうな声だったと。それから何日かして、何かをたたくような音を聞いたという家族も出てきました。ドンドンドンと続けて音が鳴ると、しばらく静かになります。これが毎晩、2週間ほども続きました。屋根裏部屋で聞こえることもありましたが、たいていは子ども部屋でした。

家族のなかでお父さま（サミュエル・ウェスレー牧師）だけは、その音を聞いていませんでしたが、私は、お父さまがそれを自分の死の予兆だと思い込んだりしないかと心配で、伝える勇気がありませんでした。しかしその音があまりにひどく、朝も夜も私たちを悩ませ、皆が一人になることを嫌がるようになってきたので、私は伝える決心をしたのです。もしかしたらお父さまがその音をなんとかしてくださるかもしれませんから。お父さまは、おおかた誰かのいたずらだろうと信じてくださいませんでした。でもその日の夜のことです。ベッドに入るとすぐに、大きく9回、ノックの音がしました。それは、お父さまのベッドのすぐ脇から聞こえてきたのです。

ある晩も、寝ている私たちの頭の上で、ドタバタと大勢で歩く足音や、階段を上ったり下りたりする

英国リンカンシャー州エプワースにある古い牧師館。1716年の暮れから1717年初めまで、霊が音を立てるという奇妙な現象が続いた。ジョン・ウェスレーの姉や妹たちは、その霊を「ジェフェリーじいさん」と呼んでいた。

エプワースの牧師館で、最初に「ジェフェリーじいさん」のノック音が聞こえたのが、この寝室だった。音がしただけではなく、ナイトガウンを着た男性の姿や、アナグマに似た生きものの姿が目撃された。

音がし始めました。あまりに荒々しい音だったので、子どもたちが怖がっているだろうと思い、私とお父さまはベッドを出て、ろうそくを取りにいきました。しっかりと手を握り合いながら真っ暗な階段を下りていくと、突然また耳をつんざくような音が鳴り出しました。私のすぐそばではコインを床にまき散らしたような音が鳴り、お父さまのほうでは階段下に置いてあった瓶をかたっぱしから割っているような音でした。やっとのことで台所へ入り、ろうそくを探し出し、子どもたちの部屋へ急ぎました。子どもたちはぐっすりと眠っているようでした」

ウェスレー一家は、この正体のわからない音の主をそれほど怖がってはいないようだった。まだ小さな娘たちでさえ、「ジェフェリーじいさん」とあだ名をつけて呼んでいる。ウェスレーが家に連れてきたイヌのほうが意気地がなく、初めの晩こそ勇ましく吠えていたが、2晩も3晩も続くと人間の後ろに隠れ、ブルブル震えながら哀れな声を出していた。また、音が鳴り始めたばかりの頃、ウェスレー夫人は、隣人が角笛《つのぶえ》を吹いて家から追い出したネズミが、自分の家へ逃げ込んだのではないかと考えた。そこで、人を頼んで同じように角笛を吹かせてみたが、ノック音はかえって大きくなる一方だった。台所のドアをたたく音を、長女のモリーが聞いたことがあった。恐る恐る開けてみても、誰もいない。閉めようとすると、今度は膝と肩を使って全力で押し返さないとならず、やっとのことで鍵をかけた。しかし、すぐにまたコンコンという音が始まったという。

ウェスレーが音の主に、お前は息子のサムなのかと声をかけてみたことがある。音はいったんやみ、静まり返った。しかししばらくするとまた、足音や物音をまねするのだった。

怪しい人影を目撃することもあった。「妹のヘティが、いつものように、屋根裏部屋の階段の一番下に腰かけて、寝室へ行くお父さまを待っていたら、上のドアがバタンと閉まって、男の人のような何かが降りてきたの。ナイトガウンをずるずる引きずりながら……」と、エミリーが話している。

ベッドの下に何かが潜んでいるような気がしたのも、一度や二度ではなかった。エミリーは母親に、妹

COLUMN

バッキンガム公爵

1628年、初代バッキンガム公ジョージ・ビリアーズの父の亡霊が、ジョージの部下の枕元に現れ、ジョージ暗殺の計画があるから警戒せよと告げた。すぐにバッキンガム宮殿に伝えられたが、まるで相手にしなかった公爵は、前々から恨みを募らせていた将校ジョンフェルトンによって刺殺されてしまった。

のベッドの下に「首がないからよくわからないけど、アナグマのようなもの」がいるのを見たと言っている。また、使用人も台所で白いウサギのようなものを目撃している。

音の特徴については、ロバート・ブラウンという使用人が聞いたのは「七面鳥がゴロゴロと鳴くような音」で、娘たちはロースティングジャックの軸が回るような音だったと説明した。さらにウェスレーは、風向きが変わって風車が逆回転を始めるときの音と表現している。

その幽霊も、1717年の1月の終わりには、とうとう鳴りを潜めるようになった。ただ、4月1日付けのエミリーの手紙にはこう書いてある。「お化けは、ゆうべ、私たちのところに来ました。だって、あの音が聞こえていたのです」

考察

このケースについては、文字で記録されたものがかなり残っており、貴重な資料となっている。それらは、家族が書いた十数通の手紙や、ウェスレー牧師の日記、1726年にジョン・ウェスレーが集めた8枚のメモなどで、1784年にはジョン・ウェスレーがまとめて、『アーミニアン』誌に「父の家をわずらわせた音の記録」として発表している。

この手の現象によく見られるように、ここでも10代の少女が集中して関わりを持っている。ヘティ（マヒタブル）という19歳の娘は、寝ているうちに体がガタガタと震えだし、彼女が部屋を移動すると、後を追うように音も移動したという。

このヘティの関与については謎が残る。別の娘スザンナからの手紙には「騒動のことを心配しているでしょうから安心させてあげたいのだけれど、私があまり書かないほうがいいでしょう。

エミリーとヘティが一部始終をきちんと書いて送るでしょうから」とあり、実際、エミリーの手紙が送られてきたのは本文で紹介した通りだ。だが、ヘティから手紙が来たという記録は残っていない。もしかすると、ジョン・ウェスレーか、もしくはジョセフ・プリーストリーがどこかへ隠してしまったのかもしれない。酸素の発見者としても知られるジョセフは、ジョンが死んだ1791年に、『ジョン・ウェスレー牧師と友人たちの手紙の原文』という本を出版しており、ほかの手紙はそのなかで公開している。「ジョン・ウェスレーは、家族の手紙を自分が所有することにこだわっていた。それらをわざと公開しないようにしていたとしてもおかしくない」。ウェスレー一家や使用人たちを悩ませていた「ジェフェリーじいさん」について、ヘティはどのように書いていたのか。手紙が失われてしまった今では、知ることはできない。

ひっかきファニー

場　所○コック・レーン（イングランド、ロンドン）
時　代○1759～1762年
被害者○リチャード・パーソンズとその家族

幽霊話にお決まりのキャラクターといえば、白いシーツをかぶったお化けや、ノック音の数で意思を示す霊、幽霊屋敷でひともうけをたくらむ人たちなど。話を盛り上げる要素にはさまざまなものがあるが、この「ひっかきファニー」にはそれらの原型ともいうべきものがいくつも出てくる。

1759年10月、ロンドンのコック・レーン20番地の建物には、セント・セパルカー教会の職員リチャード・パーソンズが妻や娘たちと住んでいた。二人の娘のうち、姉は11歳で、名前をエリザベスといった。ある日、一家の元へ1組の夫婦が部屋を貸してほしいとやって来た。ノーフォーク州からロンドンに出てきたばかりだという。

夫のウィリアム・ケントが、妻のファニーと実際には夫婦ではないとパーソンズに打ち明けたのは、引っ越しが済んでまもなくのことだった。ファニーはケントの元妻の妹で、元妻は出産と同時に死亡していた。その後二人は恋に落ちたが、当時の教会法ではそれは許されることではない。ともかく、相手に財産のほとんどを残すという遺言状を互いに書くことで、信じ合う証としていた。

ある日ケントが結婚式に呼ばれ、泊りがけで出かけることになり、一人の夜を怖がったファニーは、エリザベスに一緒に寝てもらうことにした。ところがその晩、二人はコンコンというノックのような音で目が覚めた。不思議な音はベッドの柱や下、壁の羽目板などから聞こえてきていた。それは「げんこつでたたくような」響きで、ギィギィとひっかくような音も混じっていたという。翌朝ファニーはパーソンズ夫人に文句を言ったが、おおかた隣の部屋の靴職人が夜なべでもしていたのだろうと取り合ってもらえなかった。しかし、安息日であるはずの日曜の夜にも音がしていたと聞いては、パーソンズ夫妻もさすがにおかしいと思わざるを得なかった。

特にファニーは、その音に悩まされていた。さらにケントとパーソンズの仲は、パーソンズが借りた12ギニーをケントへ返さないせいで険悪になっていた。激しい口論の末に訴訟を起こしたケントは、ファニーを連れて部屋を出た。パーソンズは、夜中の不気味な音は、ファニーの死んだ姉の霊が悪さをしていたのだろうと言いふらした。それだけでなくファニーが妊娠6カ月で病気になったときには、ケントとただならぬ仲になった罰があたったのだと言ってはばからなかった。

ひっかきファニーの騒動があった家の版画（19 世紀）。パーソンズは有罪になったが、計画詐欺を行ったという証拠は乏しかった。

パーソンズがそのような考えを持つようになったのは、1760年1月の末に、近所のパブの主人ジェームズ・フランゼンと自分が、ある体験をしてからだ。その日、フランゼンはパーソンズを訪ねたが、彼が留守だったため、夫人と世間話をしていた。そこへ何やら不気味な音が響いてきた。恐ろしくなったフランゼンは急いで帰ろうとしたが、勝手口で、「シーツをまとったような白い何かを見た。それは階段をすごい勢いで駆け上って行った」。その「何か」は、向かいの慈善学校の時計を照らすほど輝いていた。

フランゼンは自分の店に駆け戻ると、体を震わせながらブランデーをコップについだ。一息に飲みほそうとしたとき、パーソンズが同じようにガタガタと震えながら飛び込んできた。「わしにもくれ。特大のグラスで頼む」。パーソンズはあえぐように言った。「聞いてくれフランゼン！ 家に帰ったら幽霊がいたんだ」

「わしも見た！」フランゼンが大声を上げた。「まだ恐ろしい。信じられん！ あれはいったい何を意味してるんだ？」

ファニーが死んだのは、そのすぐあとだ。彼らは、ファニーの死と幽霊の出現は関係があると思うようになった。ファニーには医者と薬剤師がついていたが、2月2日に旅立つ前の2日間は何も食べず、医者が薬剤師に調合させた飲み薬しか口にしていない。最後はセント・ジョン教会のスティーブン・オールドリッチ牧師が看取り、医者は「非常に毒性の強い天然痘による」死亡と診断した。ケントはファニーのために、「内張りを施し、カバーをかけた」ひつぎを作らせた。ひつぎに名前を入れなかったのは、二人が夫婦と偽って生活していたことを訴えられないようにするためだという。ファニーは、セント・ジョン教会の地下の墓地に埋葬された。

パーソンズの家の居間。ひっかくような音は右隅の羽目板の辺りから聞こえてきたが、外して調べても何も出てこなかった。

ところが、ファニーが死んでも下宿屋の奇怪な物音はやまなかった。キャサリン・フレンドとジョイス・ウェザオールという新しい下宿人も、恐怖を感じてすぐに引っ越してしまった。パーソンズは地元の大工に壁の羽目板を外させて裏を調べてみたが、何も見つからない。そこで、セント・バーソロミュー・ザ・グレート教会の牧師ジョン・ムーアに助けてほしいと泣きついた。

ムーアはこの手の現象に心得があった。40年前にエプワース牧師館で夜な夜な奇妙な音がするという騒ぎがあったが、彼はその牧師館にいたサミュエル牧師の息子ジョン・ウェスレーの弟子だったのだ。ムーアは、エリザベスの世話係であるメアリー・フレイザーの手を借りながら、霊と交信をする方法を編み出した。それは、この手の調査をするときに今でもよく使われている方法だ。こちらから質問をするたび、霊にラップ音を出して答えさせる。イエスならコツンと1回、ノーなら2回。

それからは、ノック音を利用した降霊会が頻繁に開かれるようになり、たちまち近所の人たちの評判になった。ムーアが霊を呼び出すのはもっぱらエリザベスの部屋で、彼女がベッドに寝ている状態で行うことが多かった。コツコツという音は、床の下からや壁、エリザベスの寝ているベッドからも聞こえてきた。それだけでなく、「大きな鳥が部屋中を飛び回っている」ような音や「藤の椅子をネコがひっかく」ような音が聞こえてくることもあった。「ひっかきファニー」と呼ばれるようになったのは、そのためだ。ムーアは、霊とやり取りしていくうちに、やはりそれらの音は死んだファニーが立てていると確信するようになった。そしてさらに質問を重ねていき、ファニーはヒ素を混ぜたパールという飲み物をウィリアム・ケントに飲まされ、毒殺されたということを聞き出した。

当時の新聞『パブリックレッジャー』紙が、それをセンセーショナルに書きたてた。ファニーの死にウィリアム・ケントが関わっているという噂が本人の耳に届いたのは、それから1年ほどたってからのことだ。ケントはすぐにムーアを訪ねている。ムーアは、「不思議なノック音やひっかき音は毎晩聞こえてきます。恐ろしく深い闇の中に何かがいるのです」と言う。ケントはとりあえず一度その降霊会に出席することにした。そして、霊が自分を責めるのを聞いたのである。ケントが、自分は絞首刑に処せられてしまうのかと質問すると、コツンと1回返事があった。「この嘘つき幽霊め！」ケントは叫び声を上げた。「お前はファニーの霊なんかではない。彼女がそんなことを言うわけがない！」

「ひっかきファニー」は大きな話題となり、コック・レーン通りに大勢の人が押し寄せた。正確な日付は残っていないが、ヨーク公や後のソールズベリー主教、脚本家のオリバー・ゴールドスミス、政治家のホーレス・ウォルポールなども訪れていたようだ。ウォルポールは、「料理が餌のように人の胃袋に届けられ、通りの料理屋や居酒屋などはどこも、一財産築いたほどだった」と書いている。一方パーソンズは、有名になったところで、一切得をしているようには見えなかった。

ファニーの死に立ち会ったオールドリッチ牧師が、1762年の2月1日にエリザベスの調査を行うよう手配している。そのメンバーのなかにサミュエル・ジョンソン博士がいた。後にこのケースの詳細を『ジェントルマンズマガジン』のなかでつまびらかにした人物だ。博士によると、ベッドに寝ているエリザベスは両手を毛布の上にそろえておくように指示されていた。ノック音やひっかく音などは一向に聞こえてこない。どうやら、午前1時にセントジョンズ教会の地下墓所に行けば、そこに納められているファニー自身がひつぎをたたいて合図するということらしい。そこでメンバーは教会の地下墓所へ場所を変え、しばらく待ってみた。だが、やはり何も起こらなかった。「娘はある特定の音を立てる方法や、そう思わせる知恵を持っているだけで、彼女より上位の力は存在しないというのが調査団の一致した意見」だった。

ついに当局が動き出す事態となった。何も起こらない降霊会が二度続いたあとで、エリザベスは、このまま問題となっている現象が起きなければ、「お前も両親もニューゲート『刑務所』へ送られることになるだろう」と脅された。まだ子どものエリザベスが恐れおののいたのは、いうまでもない。そして案の定、服の中に小さな板と小枝を隠し持っているところを見つかってしまう。あれほどの音を、それだけの道具で出せるはずがないと調査員たちも認めているのだが。

そして7月10日、フランシス・ラインス（ファニー）毒殺の濡れ衣をウィリアム・ケントに着せ、その命を奪おうとした罪で、パーソンズ夫妻とメアリー・フレイザー、ジョン・ムーア牧師などが、ロンドン市庁舎の王座裁判所で裁判にかけられた。有罪となったムーアは重い罰金を科せられ、パーソンズ夫妻は見世物のようにさらし台に架せられた。

しかし地元の人々は、あの部屋に亡霊は確かにいて、パーソンズは無罪なのだと信じていた。そのため、通例ではさらし者へは腐った食べ物やネコの死骸などを投げつけるところを、皆、パーソンズの前にお金を置いてやったのである。

考察

これも詳細な記録が残っており、心霊研究者の間で論争が繰り広げられてきた有名なケースである。そしてやはりここでも、エリザベス・パーソンズという女の子が中心にいる。なんらかの現象が起きている間、エリザベスは病気のような症状を示し、てんかんと診断されている。しかし、それはてんかんの症状ではなく、彼女はトランス状態にあったのではないかと思われる。

もちろん、最初から最後までインチキだった可能性もある。1762年の『ジェントルマンズマガジン』で発表されたジョンソン博士のレポートによると「その娘はある種のノイズを誰にも知られないように発生させる方法を編み出しており、高次元の力が働いていたわけではないというのが委員会の結論である」としている。しかし、不審な音がし始めたのは、ケントとパーソンズの間に金銭トラブルが発生する前だった。しかも、近所の店がこの騒動のおかげで繁盛するなか、パーソンズは金銭的な恩恵を受けているようには見えなかった。一方的に詐欺と決めつけたこの結末には違和感が残る。

もう一人の人影

場　所○ハンプトン・コート宮殿（イングランド、サリー州ロンドン郊外）
時　代○２０１５年
報告者○ホリー・ハンプシャーといとこのブルック・マギー、その他大勢

何百年も昔の亡霊が、21世紀になった今でもさまよい続けている。２０１５年、ホリー・ハンプシャー（12歳）がハンプトン・コート宮殿の王の居室で、いとこのブルック・マギーの写真を撮った。すると誰もいなかったはずの場所に、グレーのドレスを着た、背の高い、長い巻き毛の女性とみられる影が写っていた。

宮殿では、グレーのドレスを着た女性だけでなく、昔からさまざまな幽霊が目撃されてきたが、この写真が最新の目撃情報ということになるのだろうか。この宮殿のグレー・レディーといえば、王室の看護師をしていたシビル・ペンか、ヘンリー8世の妃キャサリン・ハワードのどちらかである。シビルは１５６２年に、天然痘にかかったエリザベス1世の看病をしていた。献身的に世話をして、ついには彼女も天然痘にかかり、同じ年に死んでいる。キャサリン・ハワードは、姦通していたことをヘンリー8世に知られ、長いホーンテッドギャラリー（幽霊の廊下）をズルズルと引きずられていった。その間、悲痛な叫び声が響き渡っていたという。１５４２年、キャサリンは首をはねられた。まだ21歳だった。

19世紀以降、ハンプトン・コート宮殿でグレー・レディーを見たという報告が後を絶たない。周辺の住民は、夜な夜な聞こえてくる糸車の音はシビルが回しているのだと信じているし、警備員のルーク・

19 世紀以降、ハンプトン・コート宮殿ではグレー・レディーの亡霊が頻繁に目撃されている。しかしこの 2015 年に撮影された写真は、本当に霊が写り込んだものなのか、それともデジタルカメラの不具合のせいなのか。

ウィルトシャーは、宮殿の周りで姿のない足音を聞いている。映像図書館に勤めるアニー・ヘロンは、深夜、階段を上ったところで怪しげな影を見た。

救急隊員のイアン・フランクリンは、「ビジターが気を失ったと無線連絡が入ったら、すぐにホーンテッドギャラリーに向かいます。場所を知らされていなくてもです。それくらい、そこで倒れる人が多いのです」と言う。ギャラリーに出没するグレー・レディーは、キャサリン・ハワードの亡霊だといわれている。

考察

ホリー・ハンプシャーのカメラは本当にグレー・レディーの姿を捉えていたの

ハンプトン・コート宮殿の中をさまようキャサリン・ハワード（1521 ~ 1542年）の幽霊を描いた版画。ヘンリー8世の5番目の妃だったが、姦通の罪で首をはねられた。

だろうか。つまり、写っていたものは、シビル・ペンかキャサリン・ハワードの亡霊なのか。写真には、確かにそれらしきものが写っている。だが、これは超常現象というより、デジタルカメラのちょっとしたいたずらの可能性もある。メタバンク（超常現象を検証するサイト）のミック・ウェストが、このグレー・レディーの姿に見えるものは、スマートフォンでパノラマ写真を撮影している間に被写体が動くと現れる影であると指摘しているのだ。パノラマ写真

ハンプトン・コート宮殿のホーンテッドギャラリーを行くジェーン・シーモア（1508～1537年）の幽霊のイメージ。ヘンリー8世の3番目の妃で、待望の男子エドワードを出産したが、産後の合併症で亡くなった。

は、カメラを回しながら景色を何枚も撮影し、それらをつなぎ合わせて最終的に1枚に仕上げる。しかしその最中に、景色の中を何かが動くと、像がゆがんでしまう。このグレー・レディーは、ほかでもない、パノラマ写真の中でゆがめられたブルック・マギーの姿だというのである。

このようにデジタル写真の幽霊は、証拠として信頼性に欠けるようだが、人々がその目で見たと言っている幽霊も、疑ってみる必要がある。グレー・レディーが目撃されるようになったのは、シビル・ペンの埋葬された教会が19世紀に取り壊され、墓が掘り返されてから。そこに、彼女が今のような格好で現れるようになったわけが隠されているようだ。ヒストリック・ロイヤル・パレスの主任学芸員ルーシー・ワースレイが、2015年3月のデイリーメールで指摘したところによると、19世紀より前の幽霊といえばもっぱら男性で、白い布をかぶった姿で目撃されていたという。なぜ、白い布か。それは16世紀や17世紀には、死人は皆、頭から足先までそのような布でくるまれて埋葬されていたからだ。19世紀に入ってからは、グレーや黒の正装姿の幽霊が断然多くなるのだが、それはその時代の喪服がそうであったからで、つまり幽霊も時代を反映しているということだろう。

また、19世紀から降霊術が盛んに行われるようになったのだが、霊媒師は圧倒的に女性が多かった。それに合わせるように、女性の幽霊が多く報告されるようになったというところも興味深い。

これは実際に、女性の幽霊のほうが多かったのか。それ

かつて囚人流刑地だったタスマニア島ポート・アーサーの教会。今は廃墟となっている。ここの収容所は1877年に廃止されたが、オーストラリアで最も頻繁に怪奇現象の起きる場所として知られ、歴史好きやオカルト好きな人たちのためのツアーが催されている。

とも、人は見たいと思うものを見るものであり、幽霊は彼らが生きていた時代の姿ではなく、目撃者のニーズに合わせた姿で現れるということなのだろうか。もし「グレー・レディー」がシビル・ペンかキャサリン・ハワードの霊だとしたら、彼女たちはチューダー朝時代に埋葬されたのだから、本来なら白い布をまとって現れるはずである。それなのに、19世紀のビクトリア朝時代の喪服で現れるということの意味は……。私たちは、霊が出ると噂される場所で撮影した写真に、何か影が写り込むと、あまりに簡単に幽霊だと決めつけすぎやしないか。ホリー・ハンプシャーの件のように、たまたま不具合が起こっただけかもしれないのである。

もちろん、ハンプトン・コート宮殿で起きた不可解な現象すべてを否定しているわけではない。ルーク・ウィルトシャーが聞いた足音や、アニー・ヘロンが見た怪しい人影などについては、まだ説明がついていない。ホリー・ハンプシャーの写真と似たようなケースで、2015年、リンダ・ホワイトがソーシャルメディアにアップロードした写真がある。それは、オーストラリア・タスマニア島ポート・アーサーにある囚人遺跡群へのツアーに参加したときに撮影したもので、ツアー客の男の子が刑務所の独房のベッドに腰かけているのだが、もう一人、いないはずの子どもが前屈みになって立っているのが写っている。ポート・アーサーでは昔から幽霊が目撃されてきた。しかし、この独房の心霊写真も偽物か、もしくはやはり技術的な不具合で、ツアー客の男の子とほかの場所の何かがつなぎ合わされた結果ではないかと言われている。

第2章

19世紀の幽霊たち

19世紀に入ると、
心霊現象にもさまざまなタイプがあると考えられるようになった。
目撃したときの状況なども詳しく記録され、
科学的なアプローチが試みられるようになった。

今は廃墟となっているスコットランド、アバディーンシャーのエクレスグレウグハウス。
オズバート・フォーサイス・グラントの幽霊が出るという。オズバートの乗る捕鯨船が、
カナダへ向かう途中で沈み、乗組員が全員死亡している。

チェイス家の墓地

場　所○ブリッジタウン（バルバドス）
時　代○1812〜1820年

トーマス・チェイスはバルバドスではかなり名を知られた地主だったが、怒りっぽく、すぐに暴力を振るうので嫌われていた。そのトーマスの娘ドルカスが、まだ小さいうちに亡くなり、そのひつぎは1812年の6月6日にチェイス家の墓地に安置された。かわいそうにドルカスは父親に虐待されて何も食べなくなって死んだのだ、という噂が街中を駆け巡った。

さすがのトーマスも自責の念にかられ、自ら命を絶ったのが、その数週間後。とはいえちまたでは、それでも遅すぎるとささやかれていた。ブリッジタウン郊外にある教会の庭に、チェイス家の簡素な石造りの地下墓地はあった。トーマスのひつぎを納めるために入口が開けられると、その場にいた人々は目を疑った。中にあった三つのひつぎがひどく乱されていたのである。ドルカスのひつぎも後ろの壁に向かって投げ飛ばされていた。

初めは皆、墓荒らしにあったのだと考えた。しかし何も取られた形跡がない。しかも、石室の中に入るには、入口と厚い石版の封をしているセメントを削り取らなければならないのだが、セメントには傷一つなく、石版を動かした跡も見られなかった。

その後7年の間に二度、ひつぎを納めるために扉が開けられた。不思議なことに、そのたびに中のひつぎが動いているのだ。110キロもあるトーマスの重いひつぎも飛ばされていた。入口を塞ぐ大理石の石版には、やはり誰の手も触れられていないようだった。

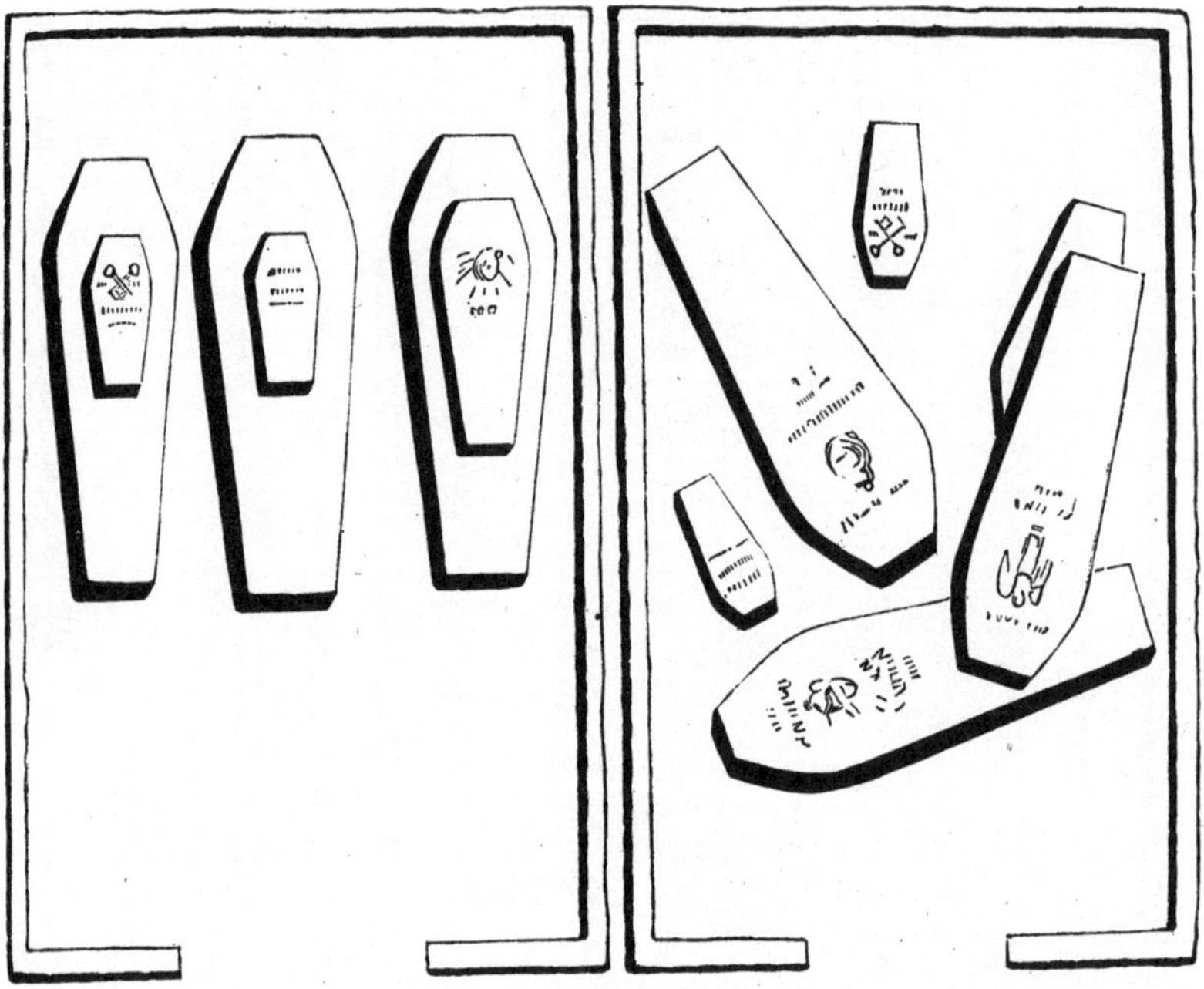
THE COFFINS AS THEY WERE PLACED.
THE COFFINS AS THEY WERE FOUND.

1819年のチェイス家の墓のひつぎの状態を説明した絵。「並んでいるひつぎ」と「散らかっているひつぎ」

最後の埋葬のあと、その不可解な出来事の噂が一気に広がり、とうとうバルバドス総督であるコンバーミア卿が調査に乗りだした。調査員が念入りに調べたが、わかったのは入口のほかに侵入できるようなところはどこにもないということくらいだった。今度はセメントで塞ぐ前に、床一面に砂を敷き詰めてみた。何者かが忍び込めば、足跡が残るはずだ。

1年後、家族がまた一人埋葬されることになった。墓の中の散らかり具合は、前にも増してひどくなっていた。一つは完全にひっくり返され、あとは雑然と積み上げられたり、今にも倒れそうな格好で壁に立てかけられたりしていた。ところが、床にまいた砂はそのままの厚みでそこにあり、足跡一つついていない。困り果てたコンバーミア卿は、すべてのひつぎを誰にも知られないようにして共同墓地へ移させた。そこまでしてやっと、チェイス家の人々は、落ち着いて静かに眠ることができるようになったのである。

考察

この一連の不思議な出来事を、ポルターガイストとして紹介する記事もある。確かにこの話の中心には、薄幸の少女ドルカス・チェイスがいる。しかし彼女が死ぬ前には、何も起こっていない。地震のせいでひつぎが動いた可能性や、水が墓の中に流れ込んだ可能性も指摘されている。だが当時、重いひつぎを動かせるほどの地面の揺れや、洪水などがあったという記録はない。墓の外では超常現象は見られていないようだが、おそらく自分で死を選んだのであろうドルカスのかわいそうな境遇を思えば、これは心霊現象のケースということにしてよさそうだ。

ウィリントンのミルハウス

場　所○ウィリントン（イングランド、ノーザンバーランド州）
時　代○1835～1847年
報告者○ヨセフ・プロクター

ウィリントンはイングランド北東部にあり、現在はニューカッスル・アポン・タイン市に吸収されて

いるが、19世紀初め頃はタイン川のほとりにある独立した小さな町だった。町には幽霊が出ると有名なミルハウス（水車動力の製粉所）があった。R・T・ステッドが『本当の幽霊話』（1892年）のなかで、5ページにもわたりこの件について詳しく書いている。
ミルハウスの持ち主はヨセフ・プロクターという人物だ。彼は名の知れたクエーカー教徒の割に迷信をあまり信じない性格だったが、約12年の間、頻繁に起こった心霊現象を書き留めていた。ステッドの本が出版されたあとに、ヨセフの息子エドモンドが父の日記をまとめて、心霊現象研究会に送っている。
不思議なことは1835年の初めから始まった。このとき、プロクター夫妻の子どもは2歳のヨセフ（父親と同じ名前）だけだったが、その後、ジェーン、ヘンリー、エドモンドの三人が生まれた。そこで子守に来てもらったが、その子守が、子ども部屋にいると上の階から足音が聞こえてきて不安になると訴えるようになった。上の部屋は誰も使っていない。それ以降、上の部屋にはかんぬきをかけ誰も入

ニューカッスル・アポン・タインの近郊にあるウィリントン工場。ビクトリア朝時代にも、イングランド北部の幽霊屋敷として有名だったらしい。

らないようにした。初めのうち、プロクター夫人は子守の話に耳を貸さなかったが、プロクターは日記にこう書いている。

「ところが、それから何日もしないうちに、家族の一人一人が、まさしく子守が訴えた通りのことを経験した。ほとんど毎日、時には日に幾度も同じ音を聞いている」

それはとても重たく響く足音で、子ども部屋の窓がカタカタと揺れるほどだった。続いて、別の音も聞こえるようになった。コツコツという音、不気味な口笛のような音、イスを動かしたり箱のふたを閉めたりするような音などである。そして「信頼のおける隣人」が、白く透き通った女性のような姿を2階の窓に見たと言い出した。この事件があってからプロクター夫人の母親が、工場長トマス・マンの家に移っている。トマス・マンの家はミルハウスのすぐ隣だ。そしてある夜、マン夫人も2階の窓に人影のようなものを見た。

「驚いた夫人に呼ばれて夫が駆けつけると、人影は行ったり来たり、窓辺にじっとたたずんだりしている。明るい光を放ち、透き通っており、白いサープリス（礼拝用の服）を着た神父のようにも見えた。マンはプロクター夫人の母親と自分の娘を呼んだが、二人が来た頃には、人影の頭部はもうほとんど見えなくなっていて、その後10分ほどかけ、上から下にだんだんと消えていった。その日は月のない真っ暗な晩で、一筋の光さえなかった。窓のブラインドは下ろされていたから、人影はブラインドも窓ガラスも通り抜けているようだった。歩きながら、壁から出たり入ったりしているように見えた」

それからまもなく、ミルハウスでは息子のヨセフたちが、夜中にベッドが宙に浮いているような気がすると言いだした。「まるで誰かがベッドを背負って持ち上げているよう」だという。ドアにかんぬきをかけても、何かが部屋に入ってくると訴えた。

「4歳のジェーンも、叔母と寝ていたときに変なものを見たと両親に言った。部屋のカーテンが開いていて、ベッドの足元の洗面台のそばに恐ろしい顔が見えた。たぶんおばあさんだという。両手の指を2本ずつ体の前で合わせていた。顔の両脇に何かを垂らしていて、顔の下半分を覆っていた」

そして今度は、声が聞こえると、息子のヨセフが言いだした。震え上がるほど大声のときもあるらしく、ヨセフはすっかりおびえて、昼間でも自分の部屋に入れないほどだった。意味のないフレーズもあったようだが、「だいじょうぶ」「迎えにいくよ」などと聞こえてきたという。

1840年7月3日、プロクターと使用人だけが家にいたときに、サンダーランドから知人のエドワード・ドルーリー博士がトマス・ハドソンという友人を連れてやって来た。一晩中階段に座って、幽霊を見てやろうというのだった。午前零時頃、足音が聞こえてきた。誰かが階段を上ってくるようなきぬ擦れの音もした。

「時計を取り出して時間を確かめると、あと10分で1時になろうというところだった。時計から目を離すと、今度はクローゼットにくぎづけになった。扉がひとりでに開いたのだ。そこには灰色の服を着た女性がいた。頭を垂れ、胸が痛むかのように片手を当て、もう片方、つまり右の腕はだらりと下げて人差し指で床を差していた。

それはじりじりと私たちのほうへ近づいてきた。そして眠っている友に近づいたかと思うと急に手を伸ばした。私は思わずそいつに飛びかかった。プロクター氏にあとで聞いた話だが、ものすごい声で叫んでいたらしい。しかし捕まえることができずに、友の上にどさりと倒れてしまった。そのあとは記憶がない。すさまじい不安と恐怖に取りつかれ、3時間ほどたって自分を取り戻したときには、もう下まで運ばれていた」

このようなことが次々に起ったが、小さな子どもたちがいたにもかかわらず、プロクター家はその家で我慢を続け、1847年にやっと引っ越しを決めたときには12年もたっていた。最後の夜、ミルハウスにいたのはプロクター夫妻だけだった。すると、たくさんの箱をガタガタと引きずりながら階段を下りる音や家具を動かす音が聞こえてきた。「きっと、何も言わずに引っ越していく私たちの音を、まねしたのでしょう」

後にエドモンドがこう書いている。「その夜、父と母はなんともいえない気持ちでいっぱいだったが、それは家を揺るがすほどの大きな音が恐ろしかったからではない。私たちはそのような現象には慣れっこになっていた。ただ、見えない同居人たちも自分たちと一緒に新しい住まいへ引っ越していくつもりなのではないかと不安だったのだ。幸い、父と母の心配は現実のものとはならずに済んだ」

考察

心霊現象研究家ハリー・プライスの『イングランドのポルターガイスト』（1945年）のなかで、このプロクター家の怪奇現象も紹介されている。しかし、このケースは、ポルターガイストに似ている状況がいくつか見られるというだけで、特徴的な現象、例えば物が勝手に動いたというような報告はない。また、12年ほども続いたという点からもポルターガイストとは考えにくい。それに、中心となるティーンエイジャーもいなかった。ヨセフは、この騒動が始まった頃はまだ幼すぎるのである。

ヨセフが聞いた声というのは、子ども期によくある空想にすぎなかった可能性がある。しかしエドモンドは、そう疑われることを見越していたかのように、「唯一言えることは、私の知っているなかでも一番ウソのつけない、正直な少年だったということだ」と書いている。

エドモンドはそのあとに起こった数々の出来事についても、調査の記録を残している。亡霊のようなものを時々見ていたという工場長トマス・マンは、「あまりそのことについては話したがらなかったが、彼も悩まされていたはずだ」。ミルハウスは二つに分割され、最後には取り壊されてしまった。

これは典型的な幽霊屋敷のようだが、詳細な記録が長期にわたってつけられてきたことと、プロクター家のメンバーが比較的落ち着いているという点で珍しいケースである。謎を解く鍵は、プロクターの日記のなかに隠されているようだ。途中から線で消されている文章があるのである。

「家を建てたR・オキソンの義理の母は、寝たきりだったが、ここで暮らし、息を引き取った。そして彼女の死後、幽霊が出現するようになった……」

馬に乗った中尉の霊

場　所○マリー・ヒルステーション（パキスタン、パンジャーブ）
時　代○1854年7～8月
報告者○R・バーター大将

1854年の春、バーター大将はパンジャーブにあるマリー・ヒルステーションに派遣された。年若い妻を連れて引っ越した先は、地元ではアンクルトムの小屋と呼ばれ、B中尉によって2～3年前に建てられた家だった。Ｂ中尉は、その年の初めにペシャワールで亡くなっていた。

ある夜バーターは、もう一人の将校ディーン中尉とその夫人を夕食へ招いた。そして11時頃、満月の光で「新聞さえ読めそうなほど」明るい夜道を、イヌを2匹連れて、夫妻を途中まで送っていった。夫妻と別れるとバーターは、タバコを吸い終えるまで、道の脇に降りてイヌたちを好きに遊ばせてやろうと思った。

「家に戻ろうとしたそのとき、小石を蹴散らしながらやって来るひづめの音を聞いた。そして低い木々の向こうに、誰かの帽子のてっぺんも見えた。音がだんだん近づいてきて角から姿を現したのは、馬にまたがり二人の付き人を連れた紳士だった。イヌが慌てて戻ってきて、うずくまり、情けない声で鳴いた」。紳士は白いベストを合わせた礼装でシルクハットをかぶっている。馬は頑丈なヒル・ポニーで、毛の色は焦げ茶、たてがみと尻尾は黒かった。そしてひどく揺れるため、落ちないように両側からお付きの者が主人を支えていた。

「この辺りにあるのは私の家だけだ。私は彼らにヒンディー語で『誰だ』と声をかけた。答えがない。そのまま目の前まで来たので、今度は英語で『こんばんは。いったい何の用でここへ？』と聞いた。一行が、歩みを止めた。紳士は両手で手綱をまとめ、それまでそらしていた目をこちらへ向け、上からじっくりと私のことを見下ろした。三人は満月の明かりの下で微動だにせず、1枚の絵のようだった。突然私は、この紳士がＢ中尉だということに気がついた」

しかしその姿は、バーターが数年前に会ったときとすっかり変わっていた。でっぷりと太り、死人特有の青白い肌にひげを生やしていた。

バーターは道に上がろうと踏み出したが、ゆるい地面に足を取られ、倒れてしまった。「すぐに起き

COLUMN

トマス・リトルトン卿

ある夜、トマス・リトルトン卿（1744〜1779年）は、翼の羽ばたきような音で目を覚ました。カーテンを開けると、青白く光るアンフレット夫人の亡霊が立っていた。トマスには、夫人の娘を三人とも誘惑したという過去がある。夫人はトマスに近づくと、お前は3日のうちに死んでしまうだろうと告げた。翌朝トマスはやつれた顔で朝食に降りてきたが、3日目になると「もし今晩も生き残れたら、亡霊を手玉にとってやったということだな」と軽口をたたいた。しかし午前0時になる直前に、彼は発作を起こして死んでしまった。

上がって道に出た。そこには誰もいなかった。この道の先には20メートル近い崖があり、そのまま進んでいくことはできないはずだった」。バーターは彼らが来た道を戻ってみたが、やはり、なんの形跡もなく、なんの音も聞こえなかった。家に戻ってやっと、イヌたちが逃げてしまったことに気がついた。

次の日、バーターはディーンを訪ねた。ディーンはB中尉と同じ連隊にいたのである。B中尉の話題を振ると、「ディーンは言った。『ええ、彼は亡くなる前はものすごく太っていました。だらしない生活をしていましたから。病気になって、みんなにあれこれ言われても、ひげを伸ばし放題にしていました。そのまま埋葬されたはずです』。私は、彼がどこで馬を手に入れたかを聞いてみた。このような馬なのだが、と説明を加えながら。『不思議ですね』と、ディーンがけげんな顔をした。『なぜあの馬のことを知っているのですか。あなたはB中尉に2~3年は会っていませんから、あの馬を見ていないはずです。あれはペシャワールで買った馬ですが、トレテまで丘を降りるときに中尉が無茶な乗り方をして殺してしまったのです』」

バーターと妻は、それでも1カ月半ほど「アンクルトムの小屋」に住みつづけた。その間にも、通りをものすごいスピードで馬が駆け抜けていく音が何度も聞こえてきた。外を見ても、やはり誰もいない。しかしこの家の前でわざとそんな無謀な乗り方をするのは、B中尉のほかにいるとは思えなかった。「一度、疾走する馬の足音が大きくなったときに、表に出てみたことがある。するとそこに現地の召使いが立っていた。何をしているのかと聞くと、丘を駆け下りる馬の足音を聞いたと言う。まるで『台風のように駆け抜け』、この家の角を曲がって行ったと。それで、戻ってくるところを待ち伏せして見てやろうという気らしい。彼は、こうも言った。『ここは悪魔の家です』」

COLUMN

ビクトリア号の沈没

英国海軍戦艦ビクトリア号は1893年、レバノンのトリポリ沖でジョージ・トライオン中将の指揮下で演習中、同じ英国海軍戦艦のキャンパーダウン号と衝突。358人の乗組員が船もろとも海の底に沈んだ。その同じ日に遠く離れたロンドンで不思議なことが起きている。たくさんの人がベルグレイブスクエアにあるトライオンの家で、本人が歩いているのを見たというのである。ただし、トライオン夫人は見ていないらしい。トライオンは心ここにあらずといったふうで、驚く客人たちにあいさつもせず通り過ぎていったという。

考察

これは、かなり客観的で詳しい報告であり、バーター夫人とアダム・スチュアート中尉の証言からも裏づけが取れている。亡霊を目撃したのはバーターだけだが、夫人も「夜中に全力疾走する馬の足音を何度も聞きました。荒い鼻息まで聞こえてきました」と言っている。それは亡霊たちが立てている騒音だと堅く信じるバーターから、夫人が言い含められていた可能性はあったとしても、召使いの様子には無視しがたいものがある。最初の晩のイヌの反応も見過ごせない。

アーネスト・ベネットが『亡霊と幽霊屋敷』（1939年）のなかで、こう述べている。「バーター大将が目撃した紳士たちとその行動は、墓の中で数カ月間眠ってきた紳士の記憶か夢が再現されたもののようにも思える。この話は、まさに「現地のケース」と呼ばれるものの良い例である。つまり、亡霊の出現は、目撃する人々よりも、目撃された場所にむしろ関係しているということだ。とはいえ、この亡霊たちはバーターの発する声や行動を認識しているようだ。馬を止めて、亡霊はしっかりとバーターのほうへ顔を向けているのである」

キャプテン・タウンズの肖像

場　所○クランブルック（オーストラリア、シドニー近郊）
時　代○1873年5月
報告者○チャールズ・レット

1873年4月5日、チャールズ・レットの義理の父キャプテン・タウンズがシドニー郊外の自宅で亡くなった。それから1カ月半ほどたったある日のことだ。夜の9時頃、チャールズの妻、つまりキャプテン・タウンズの娘がミス・ベルトンを伴って寝室へと入っていった。その部屋にはガス灯がともっていたが、ゆらゆらと揺れる明かりのなか、磨き上げられたクローゼットの扉に映っていたのは、父キャプテンの姿だった。チャールズは妻たちが見たものについてこう報告している。

「見えたのは頭と肩、上腕くらいで、実物大のコインの肖像画のようだった。驚き、おびえながら妻たちは、きっと部屋の中にキャプテンの肖像画がかけられていて、それが扉に映っているに違いないと考えた。しかし部屋中見回してもそれらしきものはない。

二人がおろおろと立ちつくしているところへ、妻の妹のシビーが入ってきた。シビーは二人が何も言わないうちに、『まあ、姉さん！　パパよね？』と大声を上げたのだ。さらに、通りがかったメイドを中へ入れ、何か見えるかと聞いてみた。『信じられません、大旦那様です！』

次に、キャプテンの身の回りの世話をしていたグラハムが呼ばれたが、彼もやはり部屋に入るなり、『おう、神よ！　奥さま、ここに大旦那様が！』と言った。執事と妻の乳母も呼ばれたが、反応は同じだった。とうとうキャプテンの妻、つまり私の義母が呼ばれた。義母は、キャプテンの姿を見ると近づいていき、彼に触れようと手を伸ばした。そしてその手が扉をなでると、キャプテンの姿はゆっくりと消えていったのだ。部屋はその後、何度も人に使われたが、キャプテンの姿が再び現れることはなかった」

「これらは紛れもない事実だ」とレットは書いている。「疑わしい点などどこにもない。目撃した者たちは、ほのめかしなど一切受けず、部屋へ入ってすぐに何か見えるかと聞かれただけだった。そして皆、ためらうことなく答えている。私がその霊を見ていないのは、偶然としかいいようがない。家にはいたのだが、呼ばれたことに気がつかなかったのだ」

考察

この話で注目すべきは、扉に現れた像を亡くなった主人の姿だと断言している人間が八人もいることだ。彼らは別々に部屋に入ってくるが、答えを誘導するような言葉をかけられていなかったことはレット夫人が請け合っている。この、何かの表面に映る形で亡霊が現れるというのは、鏡の中に霊の姿を見るケースと似ている。

キャプテンが死ぬ間際に苦しんでいたという描写はないが、もし非常に苦しい最期を遂げていたなら、彼の姿が現れたのはそのせいかもしれない。あとは、彼の魂が死後もしばらく家の中をさまよっていて、この時になってやっと最後のお別れを言いに現れたということも考えられる。

第3章

幽霊屋敷

幽霊屋敷は、これまで紹介してきた
ケースとは別のものである。
たまたま幽霊が姿を現したというのではなく、
長い間、時には大昔からずっと、
その家で幽霊が目撃されたり
怪しい音が聞こえてきたりしていた。
それは死の間際に苦しい思いをした人の
霊であることが多い。

スコットランドのグラームス城の中庭。城には恐ろしい秘密を隠した開かずの部屋があると噂されている。その部屋を探すことは堅く禁じられてきたが、幽霊を見たという話は後を絶たない。

アテネの幽霊屋敷

場　所○アテネ
時　代○時代：西暦90年
報告者○小プリニウス

大昔の幽霊屋敷といえば、帝政ローマの元老院議員だった小プリニウスが『書簡集』のなかで語っているものがある。アテネのある邸宅で「夜更けにガチャガチャと鉄の鳴るような音が頻繁に聞こえてくるようになった。よく耳を澄ませると、それは手錠や足かせの鎖の音のようだ。最初は遠い音に聞こえるのだが、少しずつ着実に近づいてきて、ついにはボロをまとって痩せこけた老人の姿が現れる。髪は逆立ち、ひげはぼうぼう。手かせや足かせがやたらと音を立てている」

とうとう家の所有者は住むことを諦め、霊が出るということを隠して借家人を探すことにした。そこへタルススから帰ってきたばかりのアテノドルスという哲学者がやって来た。アテノドルスはあまりに安い家賃をいぶかしみ、その秘密を聞きだした。しかしそれでも彼はそこに住むことに決めたのだった。「夜のとばりが降りる頃、アテノドルスは玄関に近い部屋に長椅子を置くように言いつけ、さらにペンとノート、ランプも用意させて、皆に休むように言った。

初めのうちは何事もなく夜は更けていったが、やはり鎖の音が聞こえてきた。しかし彼はノートから顔を上げることも、ペンを置くこともせず、気にも止めていないふうである。音はだんだん大きくなり、ドアの前にやって来て、とうとう部屋の中まで入ってきた。アテノドルスが部屋を見回すと、聞いていた通りの亡霊がそこに立っていた。

亡霊は、ついて来いというように手招きをする。しかしアテノドルスは少し待つようにと合図をして、再びノートに向かった。その間、亡霊は彼の頭の上でガチャガチャと鎖を鳴らして待っていた。アテノドルスが顔を上げると、先ほどと同じように手招きをする。アテノドルスはランプを取り、ついていくことにした。亡霊は鎖が邪魔でしかたないのか、のろのろとしか進まない。それでもやっと中庭に出て、そこでパッと消えてしまった」

アテノドルスは亡霊が消えた辺りに印をつけ、翌日、治安判事の事務所へ出かけていき、その場所を掘り返すように頼んだ。土の中から出てきたのは、鎖を巻かれた人間の骨だった。骨は丁寧に集められ、公費で埋葬された。「そうしてやっと霊は安らかな眠りにつき、屋敷には二度と現れることはなかった」

考察

この騒動は小プリニウスの時代よりも古く、彼も昔話として語ったのだが、今私たちの知る伝統的な幽霊話に出てくる要素がすでに現れているところが面白い。深夜、ランプの明かりで書き物をする哲学者の元へ、ぼろぼろの服を着た、痩せた幽霊が現れる。伸び放題のひげに逆立った髪の毛……。チャールズ・ディケンズの『クリスマス・キャロル』に登場するジェイコブ・マーレイの亡霊を思い出さずにはいられない。

グラームスの恐怖

場　所○グラームス城（スコットランド、テイサイド）
時　代○17世紀から現在まで

グラームス城は、ストラスモア伯爵家が先祖代々住んできた屋敷で、英国女王エリザベス2世の母、エリザベス・ボーズ＝ライアンもそこで生まれ育っている。城はスコットランドの激動の時代を見てきた。スコットランド王マルカム2世がそこで殺害されたのは1034年。1383年には、ジョン・ライアン卿が決闘で命を落とし、その150年後には、城主夫人ジャネット・ダグラスが魔女裁判にかけられ、火あぶりの刑に処せられている。そして言い伝えによれば、この城には不気味な秘密があった。それはあまりにおぞましい内容のため、跡継ぎであっても21歳の誕生日を迎えるまでは秘密にされ、知ったあとも、娘や妻にさえ教えてはならないという。

城にはさまざまな幽霊が出る。例えば「グレーのあごひげの男」。1486年に、城の中のどこかの部屋で拘束され、食べ物も与えられずに死んだ男の霊だ。20世紀初めに当時のヨーク大主教の妻に目撃されている。また、先のジャネット・ダグラスの霊も「グレー・レディー」と呼ばれ、いまだに長い廊下をさまよっている。「脱走者ジャック」と呼ばれる骸骨のように痩せ細った男の霊は、おそらく西インド諸島から召使いにするために連れて来られた黒人だと考えられている。時計台に現れる霊は「ホワイト・レディー」と呼ばれている。

ところで、グラームス城の恐ろしい秘密とは何だろうか。その噂は「ストラスモア家の呪い」として17世紀後半に広まったのだが、その中心にいたのは3代目伯爵のパトリックだった。彼は土曜日の夜遅い時間になっても、まだクロフォード伯爵とカードゲームをしていた。そこへ召使いがやって来て、そろそろ安息日になることを告げた。しかしパトリックは、安息日だろうがゲームは続けるし、悪魔がやりたければ仲間に入れてやるだけだと言った。そして午前0時、雷鳴のとどろきとともに悪魔が現れ、驚く二人にこう言った。お前たちの魂を取り上げる。「審判の日」が来るまで、この部屋でゲームをし続けなければならない、と。

時代を下った1957年、城のメイドのフローレンス・フォスターが地元の新聞社の取材に、真夜中に伯爵たちの騒ぐ音が聞こえてくると答えている。「サイコロをガチャガチャ言わせたり、足を踏みならしたり、言い争いをしたり。私はベッドの中で震えて夜を明かすのです」

グラームス城の応接室の壁。胸当てをつけた第３代ストラスモア伯爵と、その息子たちの絵が目を引く。息子の一人は、腕に奇形があった。

パトリックにはほかにも噂があった。生まれた子どもに奇形があったため、秘密の部屋をこしらえ、そこへ死ぬまで何十年も幽閉したというのである。これがその「恐ろしい秘密」なのだろうか。ひどい話だが、何百年もの間、代々受け継がれてきた秘密だとすると、少し違和感を覚える。１９０４年に80歳で亡くなった13代伯爵が、友人に「この秘密の謎がわかったら、君はひざまずいて、それが自分のものではなかったことを神に感謝するだろう」と言っているほどなのだ。

その秘密を引き継いだ14代伯爵は、どうしても自分のものだけにしておくことができずに、城の管理人ガビン・ラルストンに打ち明けてしまう。ラルストンは、伯爵の義理の娘に謎を教えてくれるようせがまれたときに、こう答えた。「知らないほうがよいのです。知ってしまったら、今までのように幸せではいられなくなりますよ」

秘密の部屋についての噂はそれだけではない。城の中で仕事をしていた男が偶然、隠し扉に気がついた。奥には長い廊下が続いている。男は廊下を進んでいったが、すぐに恐ろしい形相で飛び出してきた。それを知った13代伯爵は、男に口外しないことを誓わせた上で、家族ごと植民地へ島流しにしてしまった。

１９２０年代には、城に滞在していた若者たちが、秘密の部屋を見つけ出そうと、すべての部屋の窓から布を垂らした。そして外から城を眺めてみると、あろうことか布の下がってない窓は一つではなかったのだ。それらの部屋には、どうすればたどり着けるのか。危うく秘密が暴かれそうになった14代伯爵も、やはり烈火のごとく怒ったという。今日では城を訪問する際に、そのことは決して口にしてはならないとクギを刺される。「グラームス城の恐怖」の謎は、いまだ解き明かされないままだ。

COLUMN

ストラスモア伯爵
3代目ストラスモア伯爵、パトリック（1643〜95年）の肖像画。彼は安息日に、悪魔と賭けをしたが負けてしまい、友人のクロフォード伯爵とともに審判の日まで城の中をさまようことになってしまった。

考察

奇形のあった子どもの話は噂にすぎないが、城の応接間にかかっている3代目伯爵の肖像画がそれを裏づけていると言われている。伯爵は青銅の胸当てをつけたいでたちで椅子に腰かけ、左手で遠くのグラームス城を示している。左の膝には緑の服を着た子どもの手が置かれ、子どもの反対側には若者が立っている。そしてこの絵には2匹のグレイハウンドも描かれており、その2匹が見つめる先（絵の向かって左側）に、もう一人の若者の姿がある。その若者も胸当てをつけているのだが、その胸当ての形が奇妙に変型しているというのである。左腕が不自由であるようにも見えるという。

この若者がその子どもなのだろうか。それとも、その遺伝的な欠陥が次々と受け継がれ、さらに変わった容姿の子どもが生まれてきたということか。その子どもは城の奥の部屋で世界とは切り離されてひそかに育てられたという。ストラスモア家はその遺伝が再び現れることをずっと恐れていたというのだろうか。

ファイビー城のグリーン・レディー

場　所○ファイビー城（スコットランド、アバディーンシャー）
時　代○1601年〜

「スコッティッシュ・バロニアル様式の最高傑作」とうたわれるファイビー城が築かれたのはもう千年も昔のことだ。14世紀以降、その所有者は四度変わっている。城を現在の姿にしたのは、ファイビー卿アレクサンダー・シートンという、後に初代ダンファームリン伯爵になった人物である。彼は1592年にパトリック・ドラモンド卿の娘リリアス・ドラモンドと結婚し、9年の間に五人の娘が生まれ、幸せな生活を送っていた。

ところが、この城にはある言い伝えがあった。トマスの予言の詩である。トマスとは、13世紀に予言詩をうたいながらスコットランドのお屋敷を渡り歩いた韻文《いんぶん》詩人だ。その内容は悲運を暗示するようなものが多く、そのなかにファイビー城の壁の中では男の跡継ぎは生まれてこないという意味に解釈できる詩があった。実際600年もの間そうであったと言われている。そしてアレクサンダー・シートンだが、男の子が9年間生まれてこなかったことに失望して、グリゼル・レスリーという女性と関係を持つ。それを知ったリリアスは悲しみのあまり、1601年5月8日、29歳の若さで命を絶ってしまう。

半年もたたないうちに、シートンはグリゼルと再婚する。その頃、現在シートン塔と呼ばれる部分はまだ建設している最中で、10月27日の夜、新婚の二人は旧館のらせん階段を上りきったところに仮の寝室を設け、ベッドに潜り込んだ。深夜になると、外から深いため息が聞こえてきた。召使いを呼んで調べさせたが、誰もいないという。しかし朝になって、二人はがくぜんとした。窓辺の石の台に、「D・リリアス・ドラモンド」の名前が刻まれていたのである。一つ一つの文字が縦8センチもあり、部屋の中からは逆さに見えるような形で彫られていた。

リリアスの名前は今もそこに残っている。窓は15メートルの高さにあり、手慣れた職人でもそれだけの文字を彫りあげるには何時間もかかるはずだ。しかも、シートンとその妻を起こさないよう外で作業しなければならない。どうしたらこんな芸当ができるのか。

その頃から城の大階段では、緑のドレスに身を包み、ほのかに光る女性が行き来するのを目にしたという報告が幾度もされている。当然、その女性はシートンの最初の妻リリアス夫人だと噂された。1676年の日付入りのその亡霊を描いたとされている絵は、確かにリリアスに似ている。青緑にきらめくガウンを身にまとい、かすかに虹色に光っているように見える。

1733年から城の所有権はゴードン家に移り、亡霊は前にも増してよく現れるようになった。あまりに頻繁に現れるので、ゴードン家が彼女を家族の一員のように扱うようになるくらいだった。1847〜79年まで城主だったコスモ・ゴードン大佐は、ある朝、女性客から「連れてきたメイドが、階段を上っていくグリーンのドレスを着た女性を見たらしい」と告げられた。

「それはグリーン・レディーに違いありません。今まではゴードン家の者にしか姿を見せたことはなかったのですが」とゴードンが言うと、女性客は驚いた。「まあ！　私はメイドのことをトンプソンと呼んでいますが、本当の名前はゴードンなのです」

そのうちに、亡霊は家族の誰かが死ぬ前兆であると言われるようになった。ある夜ゴードン大佐は、ぼんやりとした人影が暗い部屋から手招きしているのを見た。そしてその2〜3日後には、大佐の弟が

「もしここに来る前に、幽霊のようなものが出るなどと言われたら、なんてばかなことを言うやつだとその人のことを見下していたでしょう」と、カナダの陸軍将校がファイビー城について書いている。しかし今では、考えを改めているようだ。

グリーン・レディーを見ている。グリーン・レディーは弟の前まで来ると、お辞儀をしてみせた。その翌日、大佐が亡くなった。

カナダの陸軍将校が、第一次世界大戦中にファイビー城に滞在したときのことを書き留めている。「もし私がこの城を訪れる前に、あそこには幽霊が出るぞと忠告されたら、私はその人を心の底からばかにしていたであろう」

城での最初の夜、将校がベッドの中で目を覚ますと、部屋の明かりがついていた。彼は起き上がって、明かりを消した。「ところが、確かに消したはずなのに、明かりはついたままだった。もう一度消す。しかし、ついている。どうも、照明器具とは別のもので部屋は照らされているようだった。見回しているうちにも、少しずつ明るさは増していく。まるで額縁の周りに小さな炎が揺れてでもいるように、壁の絵がはっきりと見えた」

1884年からは、後にリース男爵に叙されたA・J・フォーブス・リースが城の所有者となり、やはり何度もグリーンの亡霊を見ている。一度、科学的な調査を試みたことがあったが、納得のいくような結果は得られなかった。1925年の彼の死後は、グリーン・レディーが目撃されることはめったになくなった。「決して亡霊をやっつけようとしてはなりません」と、リース卿が客人に語ったことがある。「怖がらずにいればいいのです。そうすれば、悪さはしてきませんから」

考察

グラームス城のように、誰も入れない固く閉ざされた秘密の部屋がファイビー城の中にもあるといわれている。もしかするとそこに昔の謎が隠されているのかもしれない。ただ、リリアスの名前が刻まれていたのはその部屋ではなかった。夫の裏切りを知ったリリアスの胸の痛みと、悲しみのあまりに亡くなっていること、そして夫の早すぎる再婚を考えれば、それはグリーン・レディーとして数百年以上この世をさまよい続けるに足る理由ではないか。

オード・ナンス

場　所○バートン・アグネス・ホール（イングランド、ヨークシャー）
時　代○17世紀

バートン・アグネス・ホールは16世紀の終わりに、ヘンリー・グリフィスによって建てられた邸宅である。ヘンリーの死後は三人の娘が譲り受けたが、なかでも末娘のアンがその館を気に入り、並々ならぬ愛情を注いでいた。ところが不幸なことに、アンは追いはぎに襲われてしまう。死の床でアンは姉たちに懇願した。「どうか私の頭を体と一緒に埋めないで、この家のどこかに置いておいて」

しかし姉たちにしてみれば、妹の首を切り離すなど到底できることではない。アンは通常のやり方で埋葬された。姉たちの生活ががらりと変わったのはそのすぐあとで、バートン・アグネス・ホールに何やら恐ろしい音が鳴り響くようになった。うめき声や、何かがぶつかり合う音、ドアが勢い良く閉まる音など。耐えられなくなった姉たちは、牧師に頼み込み、アンのひつぎを掘り出してみた。すると、体と頭が離れていたばかりか、体は朽ちていないのに、頭はすでに骨だけになっていたのである。

こうして、アンの頭は本人の願い通りに館の中に安置された。幾度か土の中へ戻されそうになったこともあったが、そのたびに恐ろしい現象がぶり返した。そのうち、人々は音を立てている霊を「オード・ナンス」というあだ名で呼ぶようになった。そして頭蓋骨を館の壁の中へしっかりと埋め込んだ。これでもう動かされることはない。騒音も、ぴたりとやんだ。しかし、明るい茶色のドレスを着た小さな女性の姿が、その後もしばらく目撃されることがあったという。

ヨークシャーにあるバートン・アグネス・ホール。この館の建設者の末娘、アン・グリフィスが夜な夜なさまよい出る。頭を体と一緒に埋葬しないようにという彼女の遺言が、その通りにされなかったためだという。

考察

自分が死んだあとに頭蓋骨を家に安置するように頼んだという話は、実はこれだけではない。アン・グリフィスの死からそう遠くない1670年に、英国サマセット州チルトン・カンテロのテオフィロス・ブロムが、同じようなことを言い残している。その発想は複雑なものではなく、魂は頭部に宿っているという当時の考えによるものだろう。わからなくもない。

死の決闘

場　所○ロングリート（イングランド、ウィルトシャー）
時　代○1736年～

バース侯爵の屋敷であるロングリートハウスは、その庭園にサファリパークが作られたことで有名だが、実は少なくとも二人の霊が住むといわれる館でもある。一人は少しも恐ろしいところがなく、むしろ親切な男の霊だ。エリザベス朝時代の老紳士らしく、黒のガウンで図書室によく出没している。彼は、この屋敷を建設し1580年に亡くなったジョン・シンの霊だといわれている。そしてもう一人は、恐ろしい歴史を背負い、この館の上階にある通路をいまだに苦悩や悲しみを抱えてさまよっている女性の霊だ。そこは「グリーン・レディーの廊下」と呼ばれている。たとえ霊が見えなくても、耐えがたい恐怖や苦痛に襲われ、一刻も早く逃げ出したくなる人もいるという。

その霊は、グランビル伯爵の娘で2代目ウェイマス子爵の妻であるルイザ・カータレットではないかといわれている。彼女は1736年に亡くなり、その肖像画が館の壁にかかっている。ウェイマス卿はかなり気性の激しい人物で、ルイザの結婚生活は幸せなものではなかった。そのせいか、ルイザには秘密の恋人がいたようである。ある日、数日家を空けていたウェイマス卿が急にロングリートハウスに帰ってきた。ルイザと若い恋人はさぞ仰天したことだろう。若者はウェイマス卿と決闘することを余儀なくされ、武器を取り、例の廊下をにら

ロングリートには二人の幽霊が出ると信じられている。一人はガウンを着た親切な男性で、図書室でよく目撃される。この霊は、この館を建設し1580年に亡くなったジョン・シンだといわれている。

み合いながら行き来した。見ていたのは、ルイザ一人である。ついにウェイマスの剣が、若者の体を突き刺した。これは殺人以外の何物でもない。ウェイマスは人目をはばかりつつ急いでその死体を地下室へ引きずっていき、床下に埋めた。

このことがあってから、ウェイマス卿はさすがに後ろめたさを感じていたのか、ロングリートの館を毛嫌いするようになり、隣村のホーニングシャムに住むようになった。そして、ロングリートへはめったに寄りつかなくなった。1751年の彼の死後、ロングリートは息子（後の初

ロングリートの屋敷に出るといわれる霊の一人、ルイザ・カータレット。恋人が夫に殺されるところを目の当たりにした彼女の魂は、グリーンのドレス姿で上の階にある廊下を歩いているところを目撃されている。

代バース侯爵）が相続したが、長らく放置されていたため荒れ果て、素晴らしかった庭園にも草木が生い茂っていた。ルイザの霊が現れるとの噂がたち始めたのは、それからまもなくのことだ。

考察

これは侯爵家に代々伝わる話で、裏づける文書などは残っていない。殺された青年の名前も不明で、男性が行方不明になったという記録もない。しかし20世紀になってから、ロングリートハウスの中で、証拠となるものが発見された。館にセントラルヒーティングを施すために地下室の敷石が外されたのだが、その下から若い男の骨が出てきたのである。ジャケットなど着ている服は、18世紀初めのものだった。

ここで登場する幽霊は、殺された人物でも、殺した人物でもない。まだ若かったルイザが感じた恐怖と罪の意識は、計り知れないものだったろう。幽霊になり、恋人が殺された廊下にさまよい出たとしても何も不思議はないはずだ。

ベアリング＝グールド家の霊

場　所○ルートレンチャード（イングランド、デボン）
時　代○1795年～
報告者○セイバイン・ベアリング＝グールド牧師

イングランド南西部にあるダートムーアの辺りでは、昔から幽霊にまつわる話が多い。しかしマーガレット・グールド夫人の話のように、当時のことがしっかりと文字で記録されているものはまれである。

グールド牧師は屋敷をさまようマーガレットの霊のことを書いている。彼女は家の者に「お薬をあげる時間ですよ」などとささやいた。

夫人は18世紀の人物で、子孫に賛美歌379番「見よや、十字架の」を作詞したセイバイン・ベアリング＝グールドがいるが、息子が放蕩者《ほうとう》で財産を食いつぶして死んだあと、先祖代々の屋敷をなんとか修復しようと力を尽くした。無理を重ねて体を壊してしまったが、それでもベッドで静かにしていることがなく、とうとう椅子に座ったまま、死んでいった。

それ以来、マーガレットの霊が館の中をさまようようになった。その様子

英国デボン州ルートレンチャード領主館にあるミュージック・ギャラリー。マーガレット・グールドは館を修復しようとしたが、疲れ切って、今では霊としてさまよっているという。

を、ベアリング＝グールド牧師が『幼い頃の思い出』（1923年）のなかで回想している。まず頻繁に足音が聞こえていた。長い廊下を一人で歩き回っているのだ。そして病気の家族が出たときなど、ドアをたたいて夜間のナースを起こし、「お薬をあげる時間ですよ」と声をかけている。ナースがドアを開けてみても、誰もいない。その時刻に声をかけに行った家族もいなかったという。

また1918年、ベアリング＝グールドの二人の孫が館に泊まりに来ていたとき、その乳母たちが突然辞めると言い出した。身をかがめ、子どもたちの寝顔を眺めている亡霊を見たという。ほかにも応接間に入っていった客が、サテンのドレスを身にまとった年配の女性と白髪の紳士が椅子に座って談笑しているところを見ている。女性はマーガレットで、男性は友人のエルフォード牧師だと考えられている。二人は生前、よくその部屋で話していたのである。

考察

マーガレット・グールド夫人は愛する館を蘇らせるために命を捧げたのだ。死後も変わらず館の中をさまよいながら見守っている。自分がそうしたように、子孫にも家を大事にしてほしいのだろう。

バークレイ・スクエアの恐怖

場　所○バークレイ・スクエア50番地（イングランド、ロンドン）
時　代○19世紀

バークレイ・スクエア50番地のフラットは、ロンドン中心部の好立地にもかかわらず、19世紀に長い間、空き家になっていたことがあった。1872年11月、『ノーツ・アンド・クエリーズ』という雑誌に、あのフラットは幽霊屋敷なのだろうかという投稿が載った。それがきっかけで多くの情報が寄せられたが、1879年8月、W・E・ハウレットが『メイフェア・マガジン』誌の5月の記事を紹介したことで一応の区切りがついた。

「バークレイ・スクエアの謎はいまだ解けないままだ。あのフラットには、そこにいるだけで心身に致命的なダメージを負うような部屋が、少なくとも1室は存在する。例えば、ある少女はその部屋でとてつもない恐怖を見、聞き、感じたために気が狂ってしまった。彼女は正気を取り戻すことはなく、何が起こったのか聞き出すこともできなかった。

幽霊の存在など信じていなかったある紳士は、わざわざ自分からその部屋に泊まると言い出した。しかし、助けを求めるベルの音に皆が駆けつけてみれば、すでに床の中央で死体となっていたのである。ほかにも似たような噂が飛び交っているが、どの被害者も例の部屋で寝ようとしただけで、最後は正気を失うか、死に至るか、その両方ということさえあった。

そのフラットの境界壁を触ると、恐怖が電気のようにビリビリと伝わってくる。よそに住んでいる老夫婦がその家の管理を任されているが、彼らでさえ例の部屋には近寄らない。部屋は常に鍵がかけられ、鍵を持っている謎の人物が半年に一度やって来たときだけ、夫婦を地下室に閉じ込めて、数時間ほどその部屋にこもっている」

この事件については、さらに詳しい情報がすぐに寄せられた。J・F・ミーハンが、1871年1月にサールウォール司教に宛てた手紙を公開したのである。そこには、ある家族がロンドンにいる間、娘たち（一人はすでに結婚していた）も一緒に住むために、そのフラットを借りたということが書いてあった。そしてある日、娘の婚約者のために空いている部屋を整えておくよう、メイドの一人が言いつかっている。婚約者の到着する前日、メイドは深夜になってもまだ準備に追われていた。突然、耳をつんざくような悲鳴が家中に響き渡った。家の者が慌てて階段を駆け上がりドアを開けると、メイドがひきつけを起こしてベッドの横に倒れていた。大きく見開かれた目は、部屋の隅を見ている。すぐに聖ジョージ病院へと運ばれたが、よほど怖い目にあったらしく、口を閉ざしたまま明け方に息を引き取った。

そんななか、婚約者がやって来た。彼は一通り話を聞くと、怖がるなんてナンセンスだ、予定通りその部屋に泊まると言ってきかない。家族はその代わり、真夜中過ぎまで起きていること、何かあればすぐにベルを鳴らして知らせることを彼に約束させた。そして夜の0時、ベルが一度だけ鳴った。しかしこれはとても小さな音だった。家族が不安な気持ちで待っていると、ものすごい勢いでベルが鳴り出した。皆が部屋へ飛び込むと、

COLUMN

ウォードリー・ホール

マンチェスターの近くにあるウォードリー・ホール。言い伝えでは、16世紀後半、ロジャー・ダウンズという傍若無人な男が酒に酔って大げんかの末に首を切られ、その首は自宅に置かれていた。埋葬しようとすると必ず激しい嵐がこの家を襲ったのだそうだ。ただし、1779年には、ひつぎを開けて首がちゃんと体についていることが確認されている。

婚約者はメイドが倒れていた同じ場所に、やはり体を激しく震わせながら倒れていた。恐怖に見開かれた目は、メイドと同じように部屋の隅に向けられていた。幸い、一命は取りとめたが、彼も何があったかについては一言もしゃべらない。口にするのもおぞましいと言う。一家はすぐにそのフラットを引き払った。

フラットの壁を伝う「電気のような恐怖」については、1881年の『ノーツ・アンド・クエリーズ』

ロンドンの中心地にあるバークレイ・スクエア 50 番地。最近までここには古書店が入っていたが、19 世紀には、「ぬるぬるしたもの」が階段をはいずっているというような話が無数にあった。

に一通の手紙が寄せられている。1880年の夏の初め、壁を共有している49番地のフラットでダンスパーティーが開かれた。女性がパートナーと一緒に壁にもたれて座っていると、突然、はじかれたように席を立ち、いぶかしげに辺りを見回した。驚いたパートナーが声をかけようとしたその時、自分も壁から離れたい衝動にかられた。互いに理由を確かめ合うと、どちらも急に寒気がして、背中をつけていた壁から誰かの視線を感じたような気がしていたのだった。

50番地にまつわる噂は、まだある。アデリーンという少女が、後見人の叔父と住んでいた。しかしアデリーンは叔父の虐待から逃れるために、ある日、屋根裏部屋の窓から身を投げた。それ以来、窓の下枠にしがみつくアデ

COLUMN

英国グロスターシャー州のディーンの森の外れに建つリトルディーン・ホールは、現在も住居として使われているなかでは英国最古の家とされている。地下には、サクソン人とケルト人の骨が発掘されないまま残っている。言い伝えでは、大昔から殺人が何度も行われ、死とは切っても切れない関係にあるという。今ではすっかり幽霊屋敷と噂されるようになってしまい、幽霊の数は11人とも。少年、黄色いドレスの婦人、白衣の修道士、幽霊馬車まで目撃されている。

リーンの霊がたびたび目撃されるようになった。また、ある夜水夫が二人、寝場所を求めて空き家だった50番地へ忍び込んだ。翌朝、家の前の柵に男の死体が突き刺さっているのが発見された。ゆうべの水夫のうちの一人だった。恐怖にかられ、最上階の窓から飛び降りたらしい。彼の相棒は家の中で見つかった。一夜にして白髪に変わり、気が違っていた。「とてつもなく恐ろしい、ぬるぬるしたもの」が階段をはいずり上がっていったという情報もある。ナメクジが残すような跡から、ひどく悪臭がしていたという。

また別の話では、やはりその部屋で、狂気にとらわれてしまった男性がいたという。彼は何やら、あるメッセージを待っていた。その部屋の壁に、何者かの見えざる手で書かれた文字がいくつかは浮かび上がっていたようだが、彼が待ち望んでいたメッセージはついに現れることはなかった。

『グレー・ゴースト・ブック』（1912年）のなかで、ジェシー・アデレード・ミドルトンが、こう書いている。「数年前に、この家にまつわる不気味な話を聞いた。タータンチェックのワンピースを着た子どもの幽霊の話だ。その子は子ども部屋で苦しめられたか、ひどく怖い目にあって死んだのだろう。かわいそうな魂は泣きじゃくりながら住人の前へ現れるものだから、その家に住もうという人は誰もいなくなってしまった」

その後しばらく、50番地に幽霊が出るという話はあまり聞かれなくなっていた。そして1969年、社交界で有名なメアリー・バルフォア夫人が、自分の遭遇した幽霊についてインタビューに答えている。彼女は、1937年にバークレイ・スクエア近くのチャールズ・ストリートにあるフラットに、メイドを連れて引っ越している。

「あれは年が明けた頃でした。私は深夜にメイドに呼ばれ、家の奥にあるキッチンへ行きました。キッチンの窓からは、斜め向こうに近所のフラットの裏窓が見え、その窓辺に一人の男の人が立っていました。その人は、18世紀のものと思われる銀色の上着やズボンを身につけ、それらしいカツラもかぶっているのです。身じろぎ一つせず、青白くやつれた顔で、とても悲しげに見えました。私は、おおかた、仮装をして新年のパーティーにでも出てきたのだろうと思いました。つらそうに見えるのは、二日酔いか、何か悩み事でもあるのだろうと。メイドには、あまりじろじろと見てはいけないと言いましたが、あとで気づいたのです。そのフラットが50番地だということに」

1907年に出版されたチャールズ・G・ハーパーの『幽霊屋敷』という本に、次のような記述がある。「あの『バークレイ・スクエアの幽霊屋敷』はかなり前から評判で、地方から観光客が必ず訪れるロンドンの名所となっている」。今、そこにはマッグズ・ブラザーズという古書専門店が入っている。古書店が50番地を借りるようになってから40年もたつが、いまだに月に数回は幽霊に関する問い合わせの電話がかかってくるらしい。「残念ながら、何もお伝えできる情報はないのです」と店の人は言う。「幽霊が出るという部屋の隣で経理を行っているのですが、誰も何も見ていませんし、聞いたこともありません。怪しい雰囲気もまったく感じないのです」

考察

J・F・ミーハンは、自身の語ったバークレイ・スクエアの幽霊について世の中の関心が高まったため、C・F・S・ウォーレン牧師に調査を依頼した。1881年2月19日の『ノーツ・アンド・クエリーズ』で、ウォーレン牧師は、まだ問い合わせの答えが返ってきていないものもあるが、裏づけが取れたものは一つもないとして、こう結論づけている。「どう見ても根拠がなく、そのフラットに幽霊が取り憑いていると全員が思い込んでいるだけである。空き家で荒れ果てていたことや、孤独でメランコリックな心気症を患う住人の特質によるところが大きいようだ」

「孤独でメランコリックな心気症を患う住人」とはマイヤーズ氏のことだ。マイヤーズは1859年にこのフラットを借りていた。その頃の彼は裕福で友人も多く、婚約者と始める新婚生活のため何カ月もかけて家具をしつらえ、フラットを居心地良く整えていた。だが、あろうことか結婚式の前の晩に婚約者は心変わりをし、振られたマイヤーズはその日から家に引きこもってしまう。『ノーツ・アンド・クエリーズ』に寄せられた手紙にはこう書かれている。「夜になると、彼は『悲しみをたずさえ』家の中をただ歩き回っていました」

1873年、ウエストミンスターの議会はマイヤーズを税金が未払いであるとして訴え、「問題の家は『幽霊屋敷』として噂されており、近隣の住人はさまざまな臆測から不安になっている」と報告している。マイヤーズが死んだのは1878年とみられているが、後に、亡くなる前の数年間を『ペルメルマガジン』誌が記事にしている。

「失望した彼の心はぼろぼろになり、頭もおかしくなってしまった。いらだち、人に会うことを嫌がり、特に女性は決して近づけない。そして、あの不吉な部屋に閉じ込もり、ドアを開けるのは、男の使用人が食事を運んできたときだけ。日中は眠り、夜になると牢屋のような部屋から出て、キャンドルの明かりを頼りに家の中をうろうろとさまよい歩いた。幸せな結婚生活を送るはずだった家の中を」

このすっかり荒れ果ててしまったフラットと、姿を見せない風変わりな住人。おそらく、勝手な臆測からストーリーが作られ、1870年代に広まったのだろう。では、幽霊はいたのか、いなかったのか。マイヤーズのおいがコメントを残している。幽霊はいた。美しいアダム様式の暖炉のあるその家が建てられた18世紀から。確かにそのほうがバルフォア夫人の語った話と一致するし、そうでないと、この家にまつわる薄気味悪い数々の噂の説明がつかない。

叫ぶドクロ

場　所○ベティスクーム・マナーハウス（イングランド、ドーセット）
時　代○18世紀中頃〜

1685年、ベティスクーム・マナーハウスの所有者であるアザルヤ・ピネーは、ジェームズ2世に対するマンモス公の反乱に関与した罪で、西インド諸島へ流された。ピネーの孫ジョン・フレデリックは18世紀初めにマナーハウスへ戻ってきたが、そのときに黒人の男を召使いとして連れてきている。その召使いが死の床についたとき、自分の遺体をアフリカの土に埋めてほしいと懇願する。ジョンはきっとかなえてやると約束した。

だが、そんな願いはとてもかなえられるようなものではない。しかたなく、ジョンは遺体を地元の教会の墓地へ埋葬した。ところがそれから数週間、夜になると身の毛もよだつようなうめき声や金切り声が家の中に響き渡り、ジョンと家族は一睡もできない。やけになったジョンは遺体を掘り出し、屋根裏へ放り込んだ。すると、それで満足したのか、その日の夜から叫び声はピタリとやんだ。

これが、およそ3世紀にもわたって語り継がれてきた話である。1847年には頭蓋骨しか残ってい

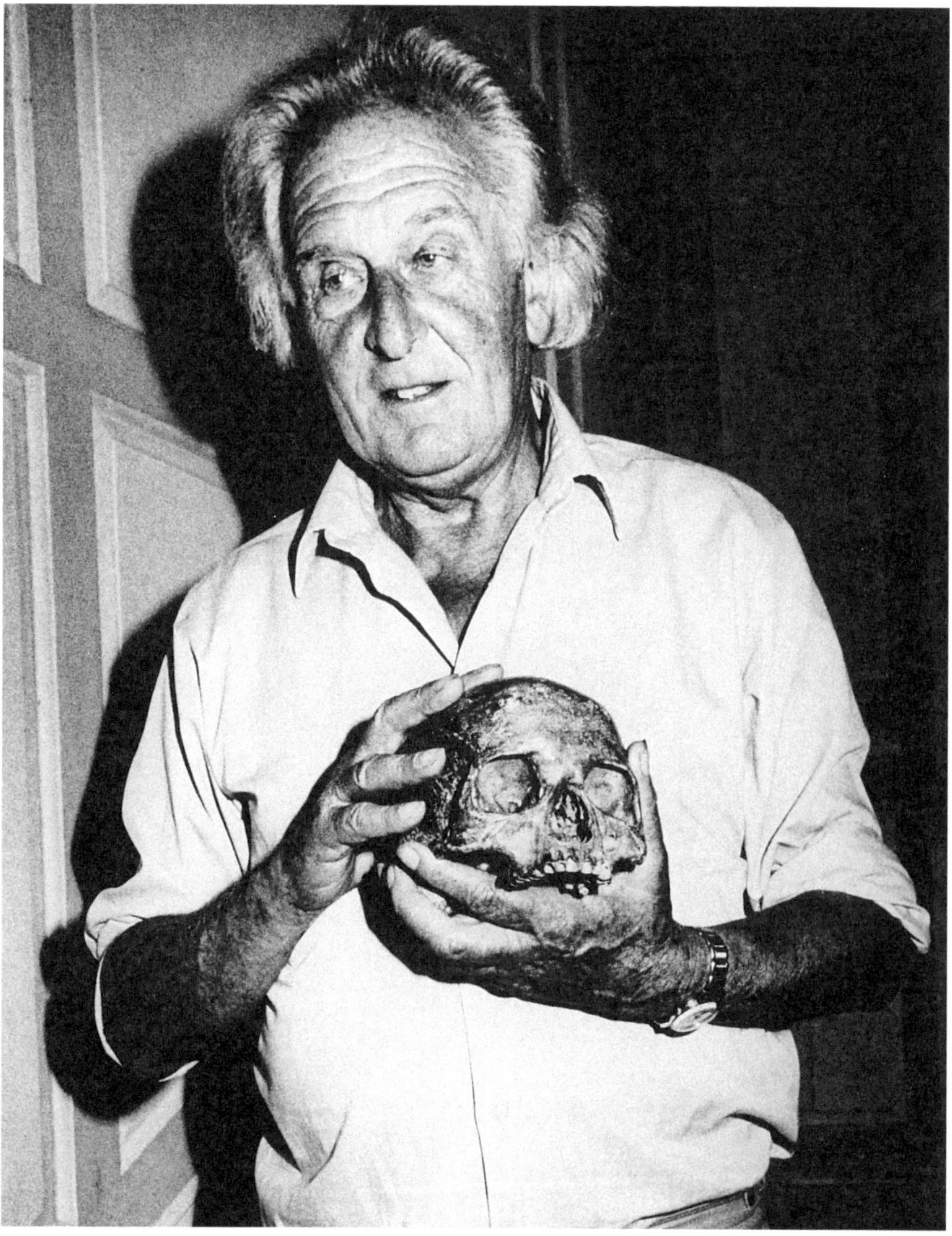

頭蓋骨を手にする晩年のマイケル・ピネー。マナーハウスの主人だったピネーは、この骨は館の裏手にある先史時代の墓地から流出したものだろうと考えていた。

ドーセットにあるベティスクーム・マナーハウス。この館から頭蓋骨を持ち出す者には1年以内に死が訪れるといわれている。

なかったが、「この頭蓋骨があるうちは、ほかの幽霊が館に入り込むということはないでしょう」と見物客に説明している。しかしちまたでは、また違う話が言い伝えられていた。頭蓋骨をマナーハウスから別な場所へ移そうとしたが、そのたびに災いに見舞われた。大嵐で作物が台無しになり、原因不明のまま家畜が死んでいった。また、館の主人になった者が1年のうちに次々に死んでいくということもあった。1960年代、ある老人が語ったところによると、若い頃に屋根裏で「頭蓋骨がワナにかかったネズミのように叫んでいる」のを聞いたという。

20世紀初めには、ある家族にマナーハウスを貸していた時期があった。じきに彼らはオーストラリアへ引っ越すことになったが、その直前のクリスマスにどんちゃん騒ぎをして、調子に乗った主人は、立派な箱に納めてあった頭蓋骨を家の脇の池に捨ててしまった。ところが翌日の朝、捨てたはずの頭蓋骨が玄関先に戻っていた。それから約30年後、館の主人マイケル・ピネーの元へ、オーストラリア人の三人の若者が訪ねてきた。そのうちの一人が以前借りていた家族の息子だった。頭蓋骨をぞんざいに扱った父親は、オーストラリアへ渡って1年もしないうちに死んでいた。

1939年には、「戦争が始まって、頭蓋骨は血を流していませんか。1914年のときには流していたと聞きましたよ」とマイケル・ピネーに尋ねる客人もいた。今では、迷信を信じるかどうかにかかわらず、頭蓋骨を館からよそへ移そうという者は誰もいない。

考察

1950年代、マイケル・ピネーは、頭蓋骨の調査をイングランド王立外科医師会のギルバート・コーズィ教授に依頼した。その結果、それは若い女性の頭蓋骨で、3000〜4000年前のものだということがわかっている。ベティスクーム・マナーハウス裏手の丘には先史時代の土塁の跡が残っている。頭蓋骨はその土の中から出てきて水路に落ち、離れの排水溝を通ってマナーハウスの厨房に流れ着いたのではないかとピネーは推測している。

「きっと見つけた者は、不吉に感じ、どこかへ移そうとしたでしょう。しかし、偶然災いと重なったことで、頭蓋骨がマナーハウスに置いてほしがっているせいだと思い込んでしまったのでは」。そして、館の中に頭蓋骨があるという話が、人から人へ伝えられていくうちに成長していったのだろう。

イングランドで一番の幽霊屋敷

場　所○ボーリー牧師館（イングランド、エセックス）
時　代○1863年～
調査員○ハリー・プライス

ボーリーの牧師館は、1863年にヘンリー・D・E・ブル牧師によって建てられた。通りの向かい側には、12世紀に建てられた村の教会がある。ブル夫妻と14人の子どもたちが住むその牧師館には23の部屋があり、どこか陰りのあるレンガ造りの建物だった。そこは以前、13世紀の修道院があった場所だといわれているが、これには1938年にエセックス考古学協会が疑問を呈している。しかし、その修道院の修道士と、13キロ離れたビュアズという町の修道女が駆け落ちをしたという伝説が残っている。二人は捕まり、修道士は首をはねられ、修道女は修道院の壁の中に生き埋めにされた。その亡霊が、この辺りに出没しているというのだ。

ヘンリー・ブル牧師と、彼の死後に跡を継いで牧師になった息子のハリーは、その修道士と修道女の霊の話が好きでよく人に話していた。かなり脚色されていたようだが、子どもの頃から聞かされて育った村人たちは、本当のことだと信じていた。ハリーの姉たちが不思議な影を見たという庭の道は、「修道女の散歩道」と呼ばれている。晩年になってハリーは、修道女の姿と駆け落ちに使われた馬車を目撃し、アモスというブル家の召使いの霊と話をしたとも証言している。

その後何年かたつと、かつての使用人やほかの子どもたちも、館で起きた不思議な出来事について打ち明けるようになった。夜になると変な足音がしたり、ドアがたたかれたり、眠っている顔をぴしゃり

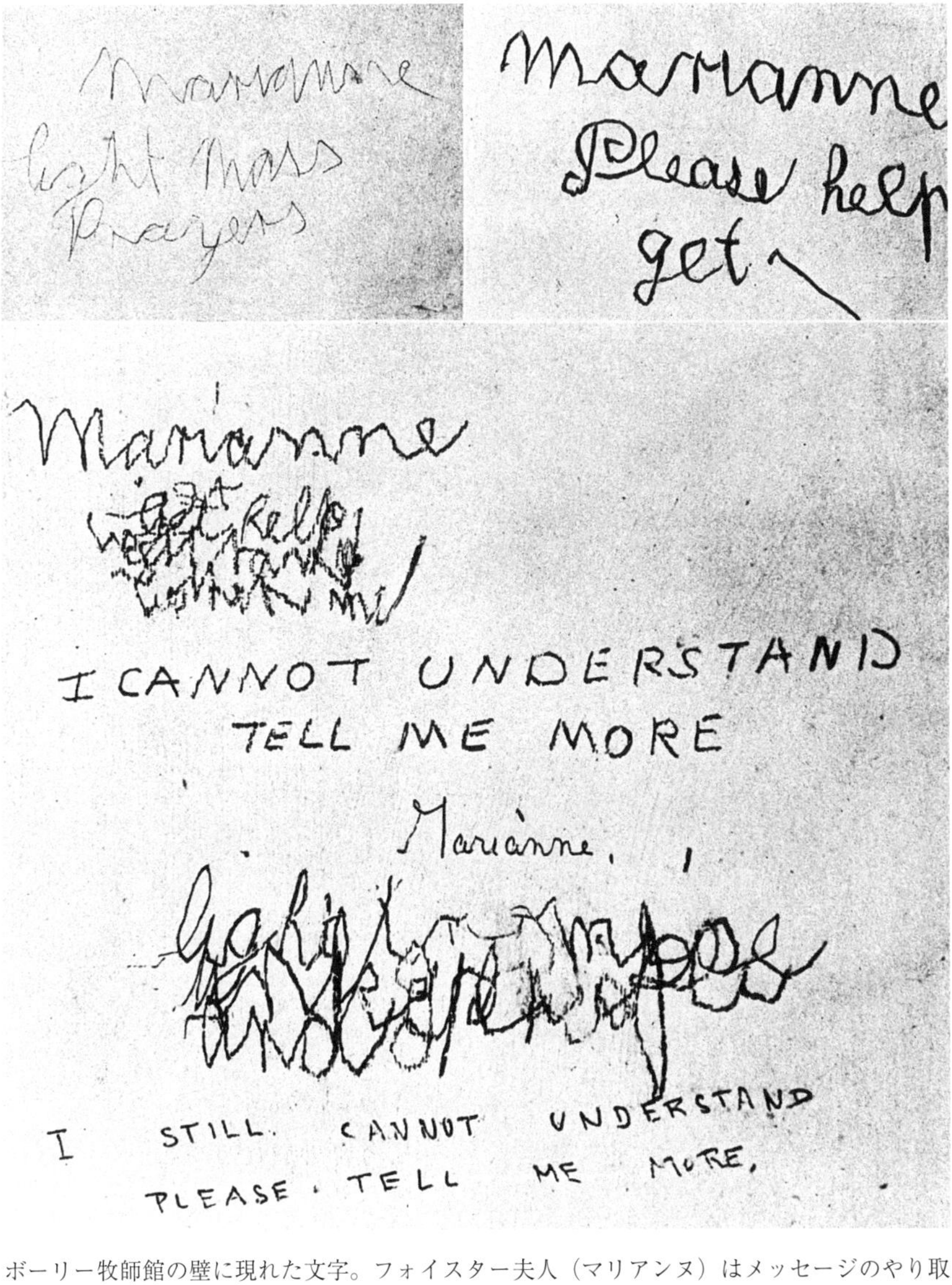

ボーリー牧師館の壁に現れた文字。フォイスター夫人（マリアンヌ）はメッセージのやり取りをしようとした。だが、これを夫人と娘の狂言であると見る向きもあった。

と平手打ちされたりしたという。ハリーの学友も1885年と1886年に牧師館に滞在したときのことを、60年ほども後になって語っている。「石がバラバラと落ちてきたり、靴を探すとワードロープの上で見つかったり、いろいろなことがあった。『修道女』にも何度か遭遇したし、すぐそばをガタガタと走っていく馬車の音を聞くこともよくあった」

ハリー牧師が亡くなった翌年の1928年10月2日にG・エリック・スミス牧師が妻とともにボーリーへとやって来た。スミス夫人が1945年に『チャーチ・タイムス』紙に宛てた手紙によると、彼も妻も館に取り憑いているのは幽霊などではなく、ネズミと迷信だと考えていた。ただ、住民が教会に寄り付かないことを気にかけ、『デイリー・ミラー』紙の編集長に心霊研究の専門家を紹介してくれる

英国エセックス州ボーリーの、今はもう火事で焼け落ちてしまった牧師館。その跡地はいまだにゴーストハンターたちが訪れる心霊スポットで、さまざまな怪奇現象が起こると信じられている。

よう手紙を書いた。
編集長は心霊現象研究家のハリー・プライスに電話をかけ、V・C・ウォールという記者を先に牧師館へ向かわせた。1929年6月10日、ウォールはそれについての記事を公開して世間を驚かせた。彼らはどこからともなく「2頭の栗毛の馬が引く昔風の馬車には修道女と首のない御者が乗っていた。彼らはどこからともなく現れては消え、部屋には馬の足音だけが響いていた……」

プライスがやって来たのはその2日後のことだ。館に入るとすぐに、石やコイン、ガラスの燭台《しょくだい》などが階段の上からバラバラと降ってきた。錠前からは鍵が飛び出し、鏡をたたく音が聞こえ、食堂ではテーブルベルが一斉に鳴り出す。半月ほどの間にプライスは何度も足を運んだが、そのたびに同じような現象が起こるのだった。それはつぶさに記録され、『デイリー・ミラー』の紙面をにぎわせた。

最初の記事が出て幾日もたたないうちに、ロンドンから見物客が押し寄せ、スミス一家は牧師館から出ることもできなくなってしまった。1カ月以上、好奇の目にさらされたあとで、彼らはついに引っ越し、その翌年にはノーフォーク州の教区へと移っていった。

ボーリーの新しい牧師は、ハリー・ブルのいとこの、ライオネル・A・フォイスターという人物で、2年ほどいたノバスコシアのサックビルから、妻のマリアンヌ（31歳）と養女アデレード（2歳半）を連れて引っ越してきた。荒れ果てたボーリーの牧師館を見て、フォイスター夫人はひどく落胆したようだ。そして、彼らが新しい生活を始めてまもなく、やはり不思議な現象が起き出した。子どもが鉛筆でいたずら書きをしたような文字が、壁に突如、現れたのだ。例えば「マリアンヌ、光、ミサ、祈り」という謎のメッセージなどだが、ほとんどは判読不可能な殴り書きだった。「助けて」という言葉もかろうじて読み取れ、フォイスター夫人がその下に「どういうことかわからないわ、もっと教えて」と書い

ハリー・プライスとモリー・ゴールドニー、ライオネル・A・フォイスター牧師と妻のマリアンヌ、子どもたち（1931年、ボーリーで撮影）。フォイスター家が牧師館にいた5年の間に、プライスが調査に訪れたのはこの一度きり。

た。それに答えるように、文字が現れたが、それも意味の読み取れるようなものではなかった。夫人は再び、「まだわからない。お願いだからもっと教えて」と書いたが、もう答えは返ってこなかった。

フォイスター牧師は一つ一つの出来事を日記に書き留めておくことにした。館では、日々、食器が消えたり、本が勝手に移動したり、壁の絵が落ちたりしていた。こつぜんと現れた石やレンガが夫妻めがけて飛んでくることも、ドアというドアに鍵がかけられていることもあった。

フォイスター家がボーリーに住んでいた5年間に記録された出来事は約2000件にのぼり、そのほとんどが初めの1~2年間に集中していた。この間ハリー・プライスは1931年10月15日の一度しか牧師館を訪れておらず、その後、同僚へ手紙を書いている。「心理学的には非常に得るもののある案件だが、心霊学的には何もない」

それでも、フォイスター家がよそへ引っ越して

2年後の1937年に、プライスは空き家となっていた牧師館を借りあげ、『タイムズ』紙に広告を打った。「求む。知性と批判的な視点を持ち、先入観のない、勇敢で信用のおける人物」。牧師館の中で現象を観察するチームを作るためだった。そして、著書『イングランドのポルターガイスト』のなかで、「彼らの報告を挙げ出したら切りがありません。ドスンバタンという物音、『引きずるような音』、異臭、怪しげな光、何より壁についた奇妙な模様。亡霊はいました。この目で見ているのですから」

出来事はすべて『イングランドで一番幽霊の出る屋敷』（1940年）で詳しく紹介されている。プライスのあとは、ウィリアム・ハート・グレグソンが牧師館を買い取った。ロンドンからのツアー客を見込んで観光地にしようというもくろみからだった。ところが、1939年2月27日に牧師館で火災が発生（グレグソン自身が放火の罪で告訴された）。あとには、焼けただれた壁がわずかに残されているのみである。

考察

ハリー・プライスの評価は、1951年の死後、急激に落ちている。心霊研究協会（SPR）が三人のメンバーにボーリー牧師館の怪現象について徹底的に調べさせた。彼らは『ボーリー牧師館の幽霊』（1956年）という本のなかで、「この幽霊屋敷は、ハリー・プライスがウソで塗り固めて作りあげた屋敷である」と言い切っている。

特に注目すべきは、フォイスター家が以前住んでいたのがノバスコシアのアマーストという1878年にポルターガイスト現象で有名になった町であること、そして、一家もその事件のことをよく知っていたということだ。フォイスター牧師は、ボーリー牧師館で起きた現象をつづった手記に、アマーストの幽霊屋敷の主人の名前であるティードをペンネームとして使っていた。フォスター夫人は、ボーリーの館を毛嫌いし、どうやら浮気もしていたらしいが、すべて彼女一人で起こしたことなのだろうか。不思議な現象、特に壁に書かれた子どもの落書きのような文字は、3歳の女の子、アデレードのものである可能性も指摘されている。

幽霊について、ハリー・ブルが喜々として語れば語るほど、そしてその後『デイリー・ミラー』紙がセンセーショナルに書きたてれば書きたてるほど、かえって「幽霊話」はねつ造ではないかという疑念が湧いてくる。しかし、話はここで終わらない。1960年代に、心霊研究家のジェフリー・クルーム＝ホリングスワースがボーリーの現象に興味をもった。彼とアシスタントのロイ・ポッターは何年もボーリーへ通い、そこで長時間過ごし、怪しい音を何度も聞いている。そして、ある明るい晩に、博士は何かを目にしていた。

「グレーの修道衣と頭巾をかぶった女性が庭を横切り、垣根を通り抜けていった。私は『誰かが自分をかつごうとしているのではないか』と思った。そこで、道路へ出ていたロイを大声で呼んだ。女性の姿はガレージの中へ消えた。それで終わりかと思ったが、ロイが来た頃に、反対側から出てきた。3メートル半ほどのところまで近づいて来たので、私もロイもはっきりとその顔を見ている。60代くらいのようだった。後をついていくと、彼女は溝の上を滑るように飛び越えていった。まるで溝などそこになかったかのように。そして、レンガが山のように積まれている中へ消えていった。それは12分間ほどの出来事で、私たちははっきりとこの目でその修道女の姿を目撃したのだった」

1974年に博士は、深夜のボーリー教会にテープレコーダーを設置している。テープに奇妙な音が録音されていたことは間違いない。大勢の立会人が、それらの音は自然に発生したものではなかったと証言している。怪しげな音が聞こえたという報告はほかにもあり、説明のつかない写真も撮られてきた。

博士は言う。「プライスがねつ造していたのかどうかは関係ありません。問題は、この場所に幽霊は出るかどうか。そして確かなことは、私はねつ造などしていないということです」

失われたバラの木

場　所○アーダチー山荘（スコットランド、フォート・オーガスタス）
時　代○1953年
調査員○ピーター・マキューアン、コリン・ゴッドマン

1952年の12月、心理学者のピーター・マキューアン博士と妻のドロシーが、ネス湖のフォート・オーガスタス寄りのほとりに建つ古びた山荘に移り住んだ。二人はそこで、純血種の豚を飼育することにしていた。まずは、地元で子守と庭師を雇った。そして次の夏には、住み込みで家事の手伝いと家畜の世話をしてくれる夫婦を募集した。雇われることになったのは、マクドナルド夫妻だ。夫のマクドナルドはロンドンで郵便配達員をしていたが、引退し、年金も放棄して、故郷のスコットランドへ帰ってきたのだった。

マクドナルド夫妻は8月17日の夕方に山荘へ到着し、博士とこれからの仕事について話し合うと、その日は早めにベッドに入った。それからまもなく、マクドナルド夫人は部屋の前の廊下を歩く足音に気づいた。再び足音が聞こえてきたときに、ドアを少し開けてのぞいてみたが、誰もいない。夫を起こして聞かせてみると、壁の中から聞こえてくると言う。二人は、遅い夕食をとっていたマキューアン博士たちのところへ行き、あの部屋には「何か変なもの」がいるのではないかと言った。だが、物音などたいした理由がなくても聞こえてくると相手にされず、夫妻はしぶしぶ部屋に引き上げた。

ところが1時間ほどで、マクドナルド夫妻は博士たちのところへ戻ってきた。今回は明らかにおびえ、とても普通とは思えないことが起きているのだと訴えた。ベッドに入ると壁を激しくたたく音が聞こえてくる。ドンドンドンと続けて鳴り、部屋を明るくすると、それっきり静かになったという。

博士は、夫婦に別の部屋を与えることにした。その部屋は、先ほどの部屋とはまるっきり反対側にあったのだが、入ってすぐにマクドナルド夫人は暖炉のほうへ歩いていき、壁へ耳を押し当てた。そして「ここにいるわ」と言った。「この部屋に、女の人がいる」。そして壁から離れると、体をこわばらせて一点を見つめ、手招きのようなしぐさをし始めた。それからハッと我に返り、戸惑った様子でみんなには見えたかと尋ねた。彼女が言うには、お婆さんがいたのだそうだ。「グレーの髪は乱れていて帽子をかぶっていた。肩にショールを巻き、ついて来るよう私に手招きをした」

そこで、また別の部屋に移ることにしたのだが、階段を上ったところでマクドナルド夫人がピタリと動かなくなった。「ほらあそこに、また出た。見えないの？　ろうそく立てのようなものを持って、四つんばいではってくるわ！」。夫人の取り乱し方が尋常ではなく、皆で彼女を下の厨房まで連れていった。そして話し合いの末、全員でこの近くにある博士の父の山荘で夜を過ごそうということになった。

そのあとも2晩続けて、ラップ音が聞こえたとマクドナルド夫妻は訴えた。かつて心霊研究協会

（SPR）のメンバーだった博士は、調査員を派遣してもらうよう手はずを整えた。協会からロスとマティセンがやって来たのは、21日の夜である。皆はマクドナルド夫妻が寝起きするようになっていた厨房に集まった。

「幽霊が出ると聞いていましたが、信じてはいませんでした」。ネス湖のほとりに建つアーダチー山荘の主人ピーター・マキューアンは言った。しかし、次の年には心霊研究協会に調査を依頼している。

アーダチー山荘の怪事件は世間の注目を集め、1977年にはデイビッド・バック主演、『リープ・イン・ザ・ダーク』というタイトルでテレビドラマ化されている。

まもなく、そこにいた全員が、壁をドンドンとたたく音を聞いた。夫人は立ちすくんでいる。ロスが1955年にSPRジャーナルに寄せた報告によれば、「火のついた煙草が彼女の右手からカーペットの上に落ちた。彼女は両腕をだらりと下げ、生気のない目で開いたドアを見ていた」。そして突然、金切り声を上げると、後ずさりしだした。老女が部屋へ入ってきたのがはっきり見えたという。

マクドナルド夫人を先にベッドで休ませることにした。照明が消され、部屋の明かりがかまどの火だけになるとすぐに、夫人の息が苦しげになり、再びラップ音が聞こえた。しばらくすると、彼女は身を起こし、自分は夢を見ていたのだろうかと夫に尋ねた。そしてなにやらつぶやき始めたのである。「バラの木」「ほったらかし」「思い出してきた……、誰かがバラの木を動かした」

マクドナルド夫妻は、朝の5時過ぎまでは物音が聞こえていたと言うが、その頃にはもう調査員たちは客室へ引き上げていた。その部屋は、最初に幽霊の目撃された部屋だったが、調査員たちは朝までぐっすりと眠ることができた。

次の晩にはもう一度、マキューアン夫妻が夜通し付き合って起きていた。ラップ音はやはり聞こえてきたが、原因を突き止めることができない。その2〜3日後、ついにマクドナルド夫妻は解雇され、ロンドンへ戻っていった。山荘は売りに出された。獣医が購入して農業を営んだが、おかしなことは起こらなかったようだ。そして最後には、地元の地主によって山荘は取り壊された。いつまでも消えない住民の噂話に終止符を打つためだった。

考察

マキューアン博士が、山荘の以前の所有者について聞いて回ったところ、ブルーエン夫人という高齢の女性で、よくショールを羽織り、グレーのほつれた髪に小さな帽子を乗せていたという。マクドナルド夫人の説明した通りである。ブルーエン夫人はひどいリウマチに悩まされていた。山荘で過ごした最後の数週間は、使用人に大事な物を盗まれているという妄想に取り憑かれ、痛みをこらえながら家中の廊下をはいずり回って取られた物を探していた。ただ、彼女はこの山荘で亡くなったのではなく、最後はインバネスの介護施設に引き取られていった。

ブルーエン夫人はバラが好きで、特に珍しい早咲きのバラを温室の中でかわいがって育てていたという。実はマキューアン博士が山荘へ越してきたばかりの頃、温室の中に大きな木のように茂っている古いバラを見つけ、外の庭へ出すよう庭師に言いつけていた。残念ながら、移し替えた途端にバラは枯れてしまった。

マクドナルド夫人は、それまでに霊的な体験をしたことなどないと言っていたそうだ。ではどうやって、バラの木のことやブルーエン夫人の生前の様子などを知ることができたのか。彼女が山荘に到着してから数時間の間に、誰かが情報を伝えたのだとしたら、それができるのは地元で採用されていた子守のジェニー・マクリーンか庭師のデイビー・クーツしかいない。1970年代にこの件について調査を行ったコリン・ゴッドマンは、この二人を重要な参考人とみて詳しく話を聞いている。

その結果わかったのは、マクドナルド夫妻が山荘へやって来た頃、ジェニー・マクリーンはインバネスにいて、彼らが解雇されるまで戻って来なかったこと、そして、デイビー・クーツも同じように、フォート・オーガスタス近くの自宅にいて、山荘には顔を出していないということだった。

これは本物の心霊現象であるように思われる。ただ、ブルーエン夫人の亡霊が山荘と何のつながりもなく、霊的な体験をしたこともないマクドナルド夫人の前にしか現れなかったというところが、少し珍しいケースである。

クリフトン・ホールの叫び声

場　所○クリフトン・ホール（イングランド、ノッティンガム）
時　代○2008年

「幽霊たちはきっと人間に来てほしくなかったのでしょう。私たちは彼らに立ち向かうことができませんでした。見えないのですから」と、クリフトン・ホールの幽霊騒ぎについてアンワル・ラシードは語った。クリフトン・ホールはノッティンガムシャーにある邸宅で、ラシード家が住んでいたのはたった8カ月間だった。

350万ポンド（当時の為替レートで約8億円）もするそのジョージア王朝風の大邸宅には寝室が17もあり、2007年にラシードと妻のナビラ、三人の娘にまだ赤ん坊の息子、さらにラシードの両親と弟という大家族が移り住んだ。ところがすぐに、廊下から甲高い叫び声が聞こえてくるようになった。「引っ越しをしたその日に、もう不思議なことが起こりました」と、ラシードは言った。「夕方、腰を下ろしてゆっくりしていると、壁をドンドンとたたく音が聞こえてきたのです。そして『こんばんは、誰かいますか』と声がしました。初めは知らないふりをしていたのですが、2分後にはまた同じ男の声がしたので、私が立ち上がって様子を見にいきました。しかしどのドアにも鍵がかかり、窓もすべて閉まっていたのです」

また別のときには、夜中に妻のナビラが赤ん坊のミルクを作ろうと下の階へ下りていくと、上の娘がテレビを見ていたということがあった。ナビラは娘に呼びかけたが、まったく反応がない。そのまま上

「噂のことなど何も知らない者を行かせても、一晩警備をしただけで、皆、辞めてしまうのです」と、クリフトン・ホールに警備員を派遣していたダレン・ブルックスは言う。

の階へ戻ったナビラが見たのは、自分のベッドですやすやと寝息を立てている娘の姿だった。また、廊下に夫婦でいるときに、子どもたちそっくりの幽霊を目撃したこともあった。そして、赤ん坊の布団に血が点々とついているのを見て、彼らはもう我慢ができなくなった。「一晩だってその家にいることは無理でした。幽霊たちが本気で攻撃してきたと思ったのです」

ラシードはアッシュフィールド超常現象調査ネットワークに調査を依頼した。チームリーダーで当時巡査だったリー・ロバーツはこう語っている。「クリフトン・ホールほど不気味に感じた場所はありません。あまりに恐ろしく、その場からすぐに逃げ出したいと思っていました」。

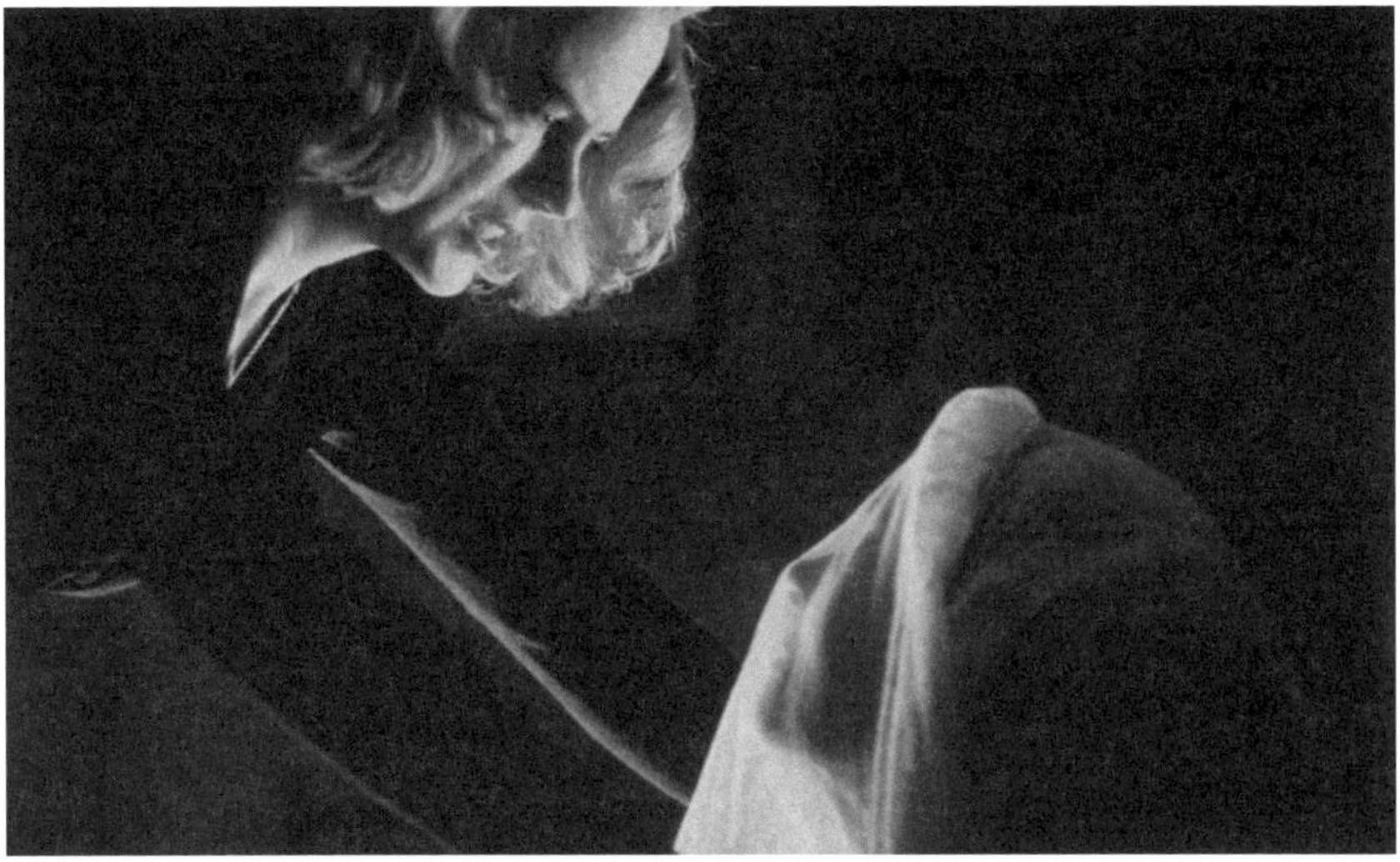

2001年制作の幽霊屋敷を舞台にした映画『アザーズ』主演のニコール・キッドマン。クリフトン・ホールの心霊現象についてアンワル・ラシードはこう語った。「幽霊は人間に侵入してほしくなかったんです。私たちは、『アザーズ』に出てくる家族のようでした」

少年の霊を別々の場所で目撃して失神したメンバーも二人いたという。同じように、英国王室セキュリティのダレン・ブルックスが警備員を派遣したが、修道士の霊が庭を歩きまわったり、女性の霊が墓所で苦しんでいたり、イスが部屋の中を動き回ったりしているところを目撃したという報告が相次いだ。「事情を何も知らない者でも、一晩警備しただけで、皆、辞めると言うのです」

2500万ポンド（当時約55億円）の財産を持ちドバイで老人ホームやホテルなどの事業を展開していたラシードだが、空家になって半年が過ぎてもまだその館を売ることができずにいた。ローンの返済を拒否するようになり、ヨークシャー銀行はとうとうその館を取り上げた。

ラシードは言った。「私は幽霊のことを聞いても、『だからなんだ』と信用していませんでした。それでも今は、次に住みたいという人がいれば、幽霊屋敷であることを告げねばなりません。あんな恐ろしいことを秘密にしたまま売っては、とても夜眠ることなどできないからです」

考察

壁をたたく音、古い館の奥から聞こえる悲鳴、幽霊の影。どれも、昔ながらの幽霊話の材料である。使い古されたネタともいえる。

アッシュフィールド超常現象調査ネットワークは心霊研究協会（ＳＰＲ）ほど評価の高い組織ではないようだ。しかもリー・ロバーツは、２０１０年に警察の警告に偽のサインを書いた不正行為で1年間刑務所に入っている。彼はもはや警察官でもなく、信用できる人物でもない。

この18世紀の邸宅には怪しい言い伝えもないわけではないが、裏づけの取れたものではなく、１９７０年代に女子の寄宿学校として使用されていた頃に、昔話として語られていた程度のものだ。それが、ラシード家の体験した心霊現象と内容が似ていたかどうかもわからない。ラシードはかつては11の企業で役員などを努めていたが、今ではその企業もすべて解散してしまった。引っ越しは、彼の事業が破綻した頃と重なり、逃げるように家から出ていく自分たちの体裁を保つために幽霊話をでっちあげたのだろうと見る者もいる。現在、ラシードは同じノッティンガム地区でもっと地味な暮らしをしており、そのような疑惑を否定している。まあしかし、ダレン・ブルックスの送った警備員の証言がウソでないなら、クリフトン・ホールで一家を震え上がらせた「何か」は、本当にいたのだろう。

何かがいる部屋

場　所○123オンザパーク（米国、ニューヨーク）
時　代○2014年
証言者○ロバート・サミュエル（当時のドアマン）、スタッフや住人

「気色の悪い職場だよ。幽霊が出るんだから」と言ったのは、高級マンションのドアマンである。123オンザパークというそのマンションの建物は、かつて100年にわたりブルックリン総合病院として使われていた。

123オンザパークは2014年の夏に売り出され、キャッチコピーはブルックリンで「一番ユニークで贅沢なアドレス」。しかし、世間の評判はそれとはかけ離れたものだった。ある夜、ドアマンが監視カメラの映像を見ていると、階段の吹き抜けに設置されている人感センサーの照明が次々に点灯した。7階から1階まで、まるで人が階段を下りていくかのように。しかし、いくら目をこらしても人の姿はなく、イヌやネコさえ映っていなかった。また、このマンションに住む獣医師の部屋では、リモコンに触れていないにもかかわらず、テレビがついたり消えたりし、棚から物がひとりでに落ちるということもあった。『ザ・ニューヨーカー』という雑誌には、ジャニーン・メルニッツという仮名で住人の話が掲載された。それによれば、寝室のドアが勝手に開閉し、夜中にキッチンで物音がして目が覚めるという。「従業員のロッカー室に下りていくだけで、なんとも嫌な気分になるんです。第六感とでもいうのでしょうか」と、かつてのドアマン、ロバート・サミュエルは言う。ほかのスタッフや住人たちも、ある部屋に行くとざわざわと気分が悪くなったり、自分のすぐ近くで足音が聞こえたり、さらに何かが

123オンザパーク・マンションは、ブルックリンのプロスペクト公園の南側に建っている。高級マンションへと生まれ変わる前は、ブルックリン地区の総合病院として100年ほども地域に貢献してきた。

いるような気配もしたなどと証言している。噂はすぐに広まり、あるタクシードライバーなどは、客を降ろしたときにこう声をかけた。「お気をつけて。このマンションは骸骨の幽霊だらけですから」

考察

パラノーマルテストが一度も行われてはいないため、この123オンザパーク・マンションで起きた不可解な出来事が技術上のミスや構造上の欠陥として片づけられるものなのかどうか、はっきりしていない。ただ、かつて病院だったという場所柄、そこでたくさんの人が亡くなり、もがき苦しんだ瞬間があったことを思えば、その建物に霊が取り憑いていると考えるのも無理はない。

しかし、これも話半分で聞いてほしいのだが、この心霊現象の噂にはもっとはっきりとした火元があるともいわれている。マンションに取り憑いているのは、ジェントリフィケーション（地域の高級化）に反対する幽霊たち、つまり、２００３年に自分たちの病院を取り上げられ、金持ち向けのマンションに変えられてしまった住民の怒りが生み出した化け物なのではないかというのである。

第4章

心優しき幽霊たち

怖さをまったく感じさせない幽霊だと、
人々はそれを心霊現象だと思わず、
それどころか家族の一員として受け入れてしまうこともある。

イングランド、ノーフォークにあるレイナム・ホールに出現するブラウン・レディーを捉えたとされる写真。この霊は最初の英国首相ロバート・ウォルポールの妹、ドロシー・ウォルポールだと信じられている。首相はこの館のすぐ近くに住んでいた。

『ボストン・ポスト』を読む人

場　所○ボストン（米国、マサチューセッツ州）
時　代○1830年代
証言者○ナサニエル・ホーソーン

ナサニエル・ホーソーンは1850年、46歳のときに小説『緋文字《ひもんじ》』を発表して名をなした人物だ。1830年代にはボストンの税関に勤めたこともあったが、作家になるという志を捨てたことはなかった。その頃は仕事が終わると毎日、ボストン・アセニアムという会員制の静かな図書館に向かい、そこで1～2時間、本を読んだり小説を書いたりして過ごしていた。

その図書館には、元聖職者のハリス博士も通っていた。80代の博士はいつも暖炉のそばの決まった椅子に腰かけ、『ボストン・ポスト』紙を読んでいた。読書室では会話が禁じられていたこともあり、ホーソーンは博士と口をきいたことはなかったが、老紳士がもはや図書館の一部のように、静かに自分の椅子に座っている様子を眺めるのが、そこを訪れたときの楽しみにもなっていた。

そうであるから、図書館から帰ってきたある晩、友人からハリス博士が何週間も前に亡くなっていると聞いても、ホーソーンはすぐには信じる気にはなれなかった。だが、さらに驚いたのは、次の晩、図書館に行くと、まるで生きているかのようにしっかりと質感を伴った博士が、いつものように椅子に座ってポスト紙を読んでいたのである。

それからもしばらく、ホーソーンが図書館に行くと、いつも博士の亡霊はそこにいた。しかし、どうしても一つふに落ちないことがあった。図書館には毎日のように通っている人が大勢いて、なかには博士と面識があり、親しくしていた人もいたが、誰も博士の亡霊に気づいていないようなのだ。なぜ、話したこともないホーソーンだけに、その姿を見せているのか。それとも皆、ホーソーンのように、見えていても見えていないふりをしているだけなのか。

後に、その出来事をしたためながら自分の行動を思い返して、ホーソーンは、例えば博士の姿に触れてみたり、その手から新聞を取り上げてみたりするなどして関わりを持とうとすることを、自分はずいぶんためらっていたのだと気がついた。そして、こう書いている。「おそらく私は、博士の姿がそれっきり消えてしまいそうな気がして嫌だったのだ。こんなに良質な幽霊の話を自分の手で消し去ってしまうことを恐れていた。昔からよく聞かされてきたような不思議な物語を」

それから何週間かが過ぎた。ホーソーンが図書館に行くと、ハリス博士の霊がじっと見つめてくる。ホーソーンに話しかけようとしているか、そちらから話しかけてきてほしいとでも言っているように見えた。

「しかしもしそうなら、あまり賢明とはいえない判断をしたことになる。会話をする場所についても、その相手に私を選んだということについても。図書館の読書室は、会話をすることを固く禁じている。静かに本を読んでいるほかの老紳士たちに気づかれないように会話をすることなどできない。声を出せば、眉をしかめられてしまう。それに、空いている椅子に向かって大真面目で話しかける自分は、彼らの目にどんなにこっけいに映るだろう」

「その上」ホーソーンは、世間のしきたりを言い訳にすることにした。「私はまだ誰からもハリス博士に紹介されていないのだ」

ホーソーンはそのあとも図書館に行くたびに博士の霊に会い、ジレンマを抱えて困っていたが、ある

小説家のナサニエル・ホーソーンは、ハリス博士が数週間も前に亡くなっていたと聞き、がくぜんとした。その日もいつものように、図書館の暖炉のそばで『ボストン・ポスト』紙を読む博士の姿を見ていたからだ。

日、読書室へ入っていくと、暖炉のそばの椅子が空いていることに気がついた。そしてそれ以降、二度と博士の霊がそこに座ることはなかった。

考察

この話は、一人の目撃者の証言だけで成り立っている。そしてその目撃者というのは、超常現象をテーマにした短編小説をいくつも書いてきた小説家だ。ここでどうしても湧いてくるのが、これは実話なのか、それともフィクションかという疑問である。気になるのは、ストーリーを練るのも、素晴らしい結末に持っていくのも得意な作家にしては、この証言はかなり地味で、決着もはっきりとついていないことだ。もしこれがフィクションだとしたら、もう少し、気の利いた筋書きにするのではないか。

では、ホーソーンは本当にその目で、お気に入りの椅子に座ったハリス博士の霊を見て

COLUMN

B・アブディー・コリンズが描いた、チェルトナムの涙を流す未亡人の幽霊。この霊は、5年間で20人以上の人に目撃されている。だがカメラで撮影しても、何も写っていなかった。

いたのだろうか。博士の姿は、ホーソーンの脳が生み出した幻だという人もいるかもしれない。新聞を静かに読む老紳士を毎晩見ていたために、彼の死後も、まだそこに座っているような錯覚をしてしまったのだろうと。しかしそれでは、ホーソーンが博士の死を知ってからも、相変わらず博士の姿がそこにあったことを説明できない。

普通に考えれば、ハリス博士の魂はその場所にとらわれてしまったということになるだろう。博士が生前、とても良い時間を過ごし愛着を持っていた場所。いつも座っていた椅子に、死んでからも座っているのだと。また、最近の心霊現象研究では次のような考え方もできる。「スピリチュアル・レコーディング」といって、死んだ人の姿が、生きていた頃の周りの景色に強く記録される現象だ。それに、ホーソーンが波長を合わせてしまった。ラジオの周波数を合わせるようにである。これで、ある日を境に出現しなくなったことも、記録の力が弱まったからだと説明がつく。

ゴーストダンス

場　所○ネバダから始まり、大平原地帯へ（米国）
時　代○1870年～1890年、その何年かあと

1870年、ネバダ州西部の米国先住民パイユート族の間に新しい宗教が生まれた。タービボという男が始めたその信仰は、西部開拓を推し進めていた白人たちに自分たちの文化が脅かされることを不安

1893年、ゴーストダンスを踊る平原の先住民。戦うための準備などではなく、祖先の霊を蘇らせるための踊りだったが、それを見た白人入植者たちは警戒心を募らせた。

に思う先住民たちの心をつかんだ。そして、タービボのあとに息子のウォボカが教祖になると、先住民たちは救世主として彼をあがめ、白人たちはジャック・ウィルソンという呼び名をつけて警戒した。

1888年の暮れ、ウォボカは体調を崩して伏せっていた。年が明けた1889年1月1日、日食が起きたあとで、彼は皆へ伝えた。「太陽が死んだとき、私は天国で神と、そしてずいぶん前に死んだ人たちと会っていた。神は私に地上へ戻り、善良であれ、互いに愛し合い、争わず、盗まず、ウソをつくなと皆に伝えよと言った。そして、皆で踊るためのダンスを授けてくれたのだ」

ウォボカは、先祖代々の土地が自分たちの手に戻り、死んだ家族や友人たちと再会できるという予言もした。それらを実現させるには、酒を飲まず、畑を耕さず、昔ながらの葬儀もやめて、ウォボカの教えを守ればよいのだという。その教えとは、ただひたすらにゴーストダンスを踊ることだった。

ゴーストダンスはそれまでの先住民の踊りとはまったく異なっていた。動きはごくゆっくりで、足を引きずるようにして踊る。男も女も指をつなぎ、輪の外に輪を作るようにして、太陽を見上げながらひたすら回る。楽器などは使わず、ただ唱えながら、4～5日間もダンスを続けるのである。最初にゴーストダンスが行われたのは、1889年の1月の終わりだった。

ウォボカの教えはすぐにほかの部族の間にも広まり、大平原地帯に住むスー族も信奉するようになった。ディー・ブラウンの書いた米国先住民闘争史『我が魂を聖地に埋めよ』（1971年）によれば、「ドライング・グラス・ムーン（1890年10月9日）に、シャイアン・リバー保留地のミニコンジュー族の男が、スタンディングロック保留地の『座る雄牛（シッティング・ブル）』の元へやって来た。『蹴る熊（キッキング・ベア）』と名乗るその男は、ゴーストダンス信仰を創始したパイユート族の救世主ウォボカについての情報を持ってきたのである。蹴る熊は、義理の兄弟である『背の低い雄牛（ショート・ブル）』とともにシャイニング・マウンテンの向こうまで長い旅に出て、その救世主とはどんな人物かを調べて帰ってきたところだった」

ウォボカは彼らにこう言った。次の春、大地は新しい土壌に覆われる。白人もすべて、その土に飲み

アラパホ族のゴーストシャツ。星や鳥、亀などが描かれている。着るだけで、弾丸から身を守ってくれると信じられていたが、ホチキス式機関銃の弾に対しては無力だった。

込まれる。「ゴーストダンスを踊っていた先住民は宙に浮かび、新しい大地の波が収まるまでとどまっていられる。そして、波が去ってから、先祖の霊たちの間に下ろされるだろう」

蹴る熊が伝えたのは、ウォボカの教えだけではない。布やバックスキンに不思議な力を象徴する絵を描いた「ゴーストシャツ」で、それを着れば、弾丸から身を守ってくれるという。スー族は、さらに、ひたすら踊ることでトランス状態に入れば、死者の霊と交流ができると信じていた。1890年の終わりには、米国西部に住むどこの部族でも、ゴーストダンスを熱狂的に踊るようになっていた。

考察

ウォボカの教えというのは元来、平和的なメッセージだったが、白人が消え去るという予言も含んでいたため、先住民たちの間に広まれば広まるほど、保留地に駐在する白人たちの警戒心も強くなっていった。そして、ついにスタンディングロック保留地の監督官ジェームズ・マクローリンが、スー族の年老いた呪術師シッティング・ブルの逮捕を命じたのである。1890年12月15日の未明、激しい戦いの末にシッティング・ブルと彼を慕う仲間13人が殺された。残りのスー族はバッドランズの呪術師キッキング・ベアの元へ逃げたが、白人と白人側についている先住民（メタルブレスツ）の部隊が、彼らをウーンテッド・ニー川のほとりへと連行し、そこでさらなる悲劇が起きた。スー族は皆、ゴーストシャツが自分たちを守ってくれると信じていた。しかし、4機のホチキス式機関銃の吐き出す弾に対して彼らは当然無力であり、女性や子どもを含めた300人のスー族が殺された。

ゴーストダンスは、カイオワ族など南部の部族の間でしばらく続けられていたが、その幕はウーンテッド・ニーの虐殺のときにすでに下ろされていた。それと同時に、先住民たちの最後の希望もついえてしまったのである。

研究熱心な幽霊

場　所○マニントン・ホール（イングランド、ノーフォーク）
時　代○1879年10月10日
目撃者○オーガスタス・ジェソップ博士

1879年10月10日、古物を研究しているオーガスタス・ジェソップ博士はマニントン・ホールに滞在していた。マニントン・ホールは堀に囲まれた古いマナーハウスで、オーフォード伯爵家の邸宅である。しかし18世紀の中頃、第2代オーフォード伯爵ロバート・ウォルポールが、かつての所有者であるスカルマー家の墓を取り壊した。それからというもの、スカルマー家の娘の霊が、消えてしまった墓を探して教会の墓地をさまよっているというもっぱらの噂だった。19世紀末までは彼女の魂を慰めるために、伯爵たちの葬列は教会の周りを三度回ってから、そのひつぎを埋葬したほどだ。ところが、1880年1月のアテナイオンという文芸雑誌に掲載されたジェソップ博士の記事によると、彼がマニントン・ホールで出会った幽霊は、どうもそれとは違ったようである。

博士がマニントン・ホールを訪れたのは、その図書室が所蔵している珍しい本で調べものをするためだった。ウォルポール家の皆には先に寝てもらい、一人で図書室の隣の部屋で仕事をしていた。時計が午前1時を指した頃、博士がメモを取っていると、テーブルの上に誰かの手が置かれているのに気づいた。

隣を見ると、そこにいたのは「少し大柄な男性だった。暖炉に背を向け、前屈みになりながら、私が読んで積み上げておいた本を熱心に調べているようだった」。すぐそこに座っているのに、なぜか顔全体が見えるわけではない。髪は赤茶色で短く、ぴったりした立ち襟のついた「シルクか何かで織られた厚手の修道衣」を着ていた。

ジェソップ博士は、それが「この世の者でない」ことにすぐに気がついた。しかし、怖さは感じず、ただひたすら興味を引かれたという。「座っているその人に、私は目を奪われていた。恐れていたのは、そこに彼がいたことではなく、いなくなってしまわないかということだった」。しかし博士が、積み上げられていた本に手を伸ばした途端、彼の姿は跡形もなく消えてしまった。

博士が書き物に戻って5分ほどたった頃、霊がまた姿を現した。先ほどと同じ椅子に同じ姿勢で座っている。死んだ者と生きている者が隣り合わせで座っているのだった。一人は熱心に本に向かい、もう一人はノートに何やら書き込みながら心は突然の訪問者になんと声をかけたものかと考えていた。しかし、ためらう気持ちもやはりあった。書き物が終わったところで、博士は調べていた本をテーブルの上に落としてしまう。その小さな音で、霊はまた消えてしまった。博士はしばらく待ってみたのだが、霊の姿はそれっきり現れることはなかった。調べものが済んだ博士は、たくさんの本を図書室に戻しに行った。だが、思い直して「光栄にもゴーストが私に姿を見せてくれて、私が書き物をしていたあのテーブルの上に」1冊、置いておくことにした。そして、彼は寝室へ戻って「ぐっすりと眠った」。ゴーストが戻ってきて、博士の置いておいた本を読んだかどうかはわからない。

考察

この報告にはしみじみとした趣があって、極上の幽霊話といえる。古い屋敷につきものの闇をつんざくような悲鳴やガチャガチャとうるさい鎖の音などは一切出てこない。亡霊はジェソップ博士がいるのにも気づいていないふうで、ほんの小さな物音で消えたり、読みかけの書物が気になるのか再び現れたりする。この屋敷の主人オーフォード伯爵は、伯爵家がその手の話にさんざ

18世紀中頃の英国ノーフォーク州で、マニントン・ホールという屋敷の敷地に以前からあったスカルマー家の墓を、そのときの所有者オーフォード伯爵が潰してしまった。それからというもの、女性の霊が眠る場所を探して教会の墓地をさまようになったという。

ん迷惑を被ってきた歴史もあり、屋敷に幽霊が取り憑いているなどという話を喜んでするような人物ではなかった。亡霊の正体については何も明かさず、あとになって、それはカルロという使用人であり、ナイトキャップを探しまわっていたのだと言っている。

しかし、その説明は説得力に欠ける。亡霊は、消えたり現れたりしながら、ただそこに静かに座っていたのだから。

ゴーストタウンの幽霊たち

場　所○シルバークリフ（米国、コロラド州）
時　代○1880年～
調査員○エドワード・J・リネハン

1880年、米国コロラド州のウェットマウンテンバレーで銀鉱脈が発見された。すると一山当てようともくろむ試掘者や坑夫たちが5000人以上も押しかけ、数カ月もたたないうちに町ができた。その名もシルバークリフ（銀の崖）。ところが、すぐに銀は採れなくなってしまう。落胆した人々は、次々にほかの採鉱地へと移って行った。30年後には、シルバークリフの人口はわずか100人程度にまで落ち込み、町の上の墓地に並ぶ墓の数のほうが多いほどだった。

その墓地で不思議な現象が起きたという最初の報告があったのは、一人目の死者が埋葬されたすぐあとだ。まだ町ができたばかりの年、墓の上に青白い火の玉が浮かんでいるのを見たと、坑夫たちが騒ぎ出した。しかし、彼らの言うことに耳を貸そうという住民はいなかった。彼らは酒場から出てきたばかりで、皆、酔っていたのである。その頃、シルバークリフにはまだ酒場がたくさんあった。

ところが、またすぐに、墓の間をふわふわと浮遊する怪しげな光を見たという住民が現れた。彼らは酔ってはいなかった。その後はずっと地元で噂されるだけだったが、1956年、『ウェットマウンテンバレー』紙に火の玉についての記事が掲載された。すると、その話は米国全土に広まっていき、1967年には、ついに『ニューヨーク・タイムズ』紙に取り上げられるまでになった。

記事を読んだ人々が押し寄せてきたため、暗く沈んでいた町は再び活気を取り戻した。その2年後、『ナショナル ジオグラフィック』誌でも、編集補佐のエドワード・J・リネハンが自らの体験を元に記事を書いた。

彼が現地に着いたのは夕方だった。住民の一人、ビル・クライネがリネハンを車に乗せて墓地まで連れていく。ヘッドライトを消して車を降りた途端、クライネが大声を上げた。「ほら、そこだ！　あそこにも！」

「ぼんやりと青白く光る丸い玉」をリネハンも見た。近づいていくと、パッと消える。だが、時間をおいて、また少しずつ光り出す。懐中電灯を向けると、照らされたのは、古い墓石だけである。二人は15分ほど光を追いかけてみたが、手がかりになるようなものは見つからなかった。

クライネによると、ほとんどの人がこの現象を、シルバークリフや隣町のウェストクリフの明かりが何かに反射しているのだろうなどと言い、取り合わないらしい。しかし、反射させるには、どちらの町の明かりも遠すぎると、リネハンは言う。それに、クライネと妻が火の玉を見たときは、「霧が濃く立ち込め、町の明かりなどまったく見えなかった」。今でも、墓地を訪れると、ちらちらと揺れる光の玉

コロラド州シルバークリフの墓地で見られる青白い光は、いまだに銀を探してさまよう死んだ坑夫たちのものなのか。それとも、メタンガスが自然発火したときに現れる、ウィルオウィスプなのか。

が見られるという。

考察

シルバークリフの人魂《ひとだま》の原因については、いくつもの説がある。ウェストクリフの街灯に水銀灯が採用されると、その光が墓地にかかる霧のあちこちに反射しているからではないかといわれた。しかし、リネハンが墓地へ行ったのは、まだ水銀灯が通りに立てられてる前のことである。それに、停電で町の明かりがすべて消えていたときでさえ、火の玉は目撃されていた。

そのほかに、放射性物質が光を放っているのだという説もあったが、ガイガーカウンターで辺りを調べ、そのようなものはどこからも漏れ出ていないことが証明されている。また、誰かがいたずらをして墓石に夜光塗料を塗ったのではないかともいわれていたが、これについても裏づけは取れていない。

可能性がありそうなのは、沼の上に出る火の玉（ウィルオウィスプ）と同様のものという説だ。これは、ものが腐ったときに出るメタンガスが自然発火して起こる現象である。ただ、埋葬したばかりの墓や、逆に肉がすでに腐りきって、骨しか残っていないような昔の墓からは、ガスが出ることはない。

人類学者であり民俗学者でもあるデール・ファーガソンは、まったく別の角度から答えを求めようとしている。米国先住民のシャイアン族などには、「魂にとって神聖」とされる丘に死者を埋葬する慣習がある。死が近づいたことを悟ったシャーマンが、「死者の丘」へ自ら赴き、そこへ横たわり、魂が連れていかれるのを待つこともある。彼らの伝説には、そのような場所に「踊る青い魂」が現れるという話がたくさんあるそうだ。

しかし、シルバークリフに昔から住む老人たちは、こう語る。「ゆらゆらと揺れる明かりは、大昔に死んだ坑夫たちのかかげるランプの火だ。まだどこかに銀が埋まっているのではないかと探しているのだ」

ベルサイユ・アドベンチャー

場　所○ベルサイユ（フランス）
時　代○1901年8月10日
報告者○シャルロット・アン・モーバリー、エレノア・ジョルダン

1901年8月、シャルロット・アン・モーバリーとエレノア・ジョルダンの二人は、パリで休暇を楽しんでいた。ある晴れた午後、二人は連れだって郊外にあるベルサイユ宮殿へと出かけて行った。初めに宮殿内のツアーに参加し、そのあとで、広い庭園を抜けてプチ・トリアノンまで歩こうということになった。プチ・トリアノンはルイ15世が建て、ルイ16世が1774年に王妃マリー・アントワネットへ与えた小さな宮殿である。

二人がプチ・トリアノンまでのだいたいの見当をつけ、おしゃべりをしながら小道を歩いていくと、手押し車とすきを持った二人組の男に出くわした。男たちは、そのまま進めばよいと教えてくれたのだが、モーバリーたちは、それよりも、彼らの着ている服がやけに昔風であることが気になった。彼らは灰色がかった緑の外套に三つの角のある小さな帽子をかぶっていた。

あとでわかったことだが、このときどちらも、なぜか急に憂鬱《ゆううつ》になり、周りの景色が絵に描いたように平らに見えてきていた。そしてそれを一番強く感じたのが、「小さな野外ステージのような円形のあずまやに近づいて、そのすぐそばに男が座っているのを見た」ときだった。男はマントを羽織り、ソンブレロのような帽子をかぶっている。二人は、男の様子によくない雰囲気を感じ、別の道を行くことにした。

フランス国王ルイ16世の王妃マリー・アントワネットは、1793年にギロチンで首をはねられている。1901年に、ベルサイユの庭園でスケッチをしている女性がシャルロット・アン・モーバリーに目撃されているが、モーバリーはその女性がマリー・アントワネットだったと信じていた。

しばらく行くと、後ろから駆け足で近づいてくる足音が聞こえてきた。振り返ったが、誰もいない。ところが前を向くと、一人の男が立っていた。「どこから見ても立派な紳士でした。黒い大きな瞳に、黒い巻き髪、背も高かった」。彼もまた、マントにソンブレロハットというういでたちで、やけに興奮した様子で笑いながら道を教えてくれる。二人がお礼を言おうと振り返ると、もういない。やはり、走り去る足音だけが響いているのである。その後に、二人は小さな谷にかかる橋を渡った。その横を流れる小さな滝を眺めながら、あれこれと感想を言い合い、しばらく歩いていくと、ようやくプチ・トリアノンに着いた。

ここで、モーバリーが、外のテラスでスケッチをしている女性を見ている。軽い素材のドレスを着て、深く開いた胸元にフィシューという布をかけていた。豊かな金髪につばの広い帽子をかぶり、かわいらしく見えたが、年はそれほど若くはないようだった。宮殿から若者が出てきて、二人を中へ招き入れた。気がつけば二人は、にぎやかな結婚式の団体に飲み込まれていた。

数日後、モーバリーがベルサイユでの出来事を書き留めておこうとすると、あのときに感じた憂鬱な気分が蘇ってきた。モーバリーは思い切って、「あなたはプチ・トリアノンに幽霊が出ると思う?」と、ジョルダンに聞いてみた。そして二人で、あの日のことを思い出してみたのだが、どうも記憶が食い違っているらしい。一番の違いは、ジョルダンが、テラスでスケッチをしていた婦人を見ていないことだった。何カ月かして、二人はもう一度話し合い、あの日に体験した出来事をそれぞれ書き出して、照らし合わせておくことにした。

ジョルダンはパリの知り合いに、この件についての情報提供を呼びかけた。すると、夏の間にベルサイユを訪れた人々のなかにも、ピンクのドレスに身を包み、麦わら帽子をかぶったマリー・アントワネットの幽霊がプチ・トリアノンの外に座っているのを見たと言っている人たちがいることがわかった。その後、二人は1902年1月2日にも、ベルサイユを訪れている。しかし、あの日あずまやがあった場所には、愛の神殿という別な建物が建っていた。谷や小さな橋、滝なども消えている。ジョルダンはプチ・トリアノンから、湖をぐるりと回って王妃の村里へ渡る橋まで歩いて行った。王妃の村里とは、王妃が友人たちと、羊飼いの格好をして田舎の暮らしを味わうために作らせた小さな村である。

ベルサイユ宮殿にある湖は、シャルロット・アン・モーバリーとエレノア・ジョルダンが不思議な体験をした日と変わらない、暗くて陰気な雰囲気をたたえていた。

数日前と同じような重苦しい気分になり、シャルロット・アン・モーバリーはプチ・トリアノンには幽霊が出るのではないかと思い始めた。

再びベルサイユ宮殿を訪れたエレノア・ジョルダンは驚いた。最初に訪れたときに見た景色や建物が消えていたのである。

気味の悪い感じが再びジョルダンを襲ってきたのは、その橋を渡っていたときだった。長めの服にフード付きのマントを羽織った作業員が二人で、薪《まき》を手押し車に積みこんでいるのが目に入った。ところが、男たちはあとかたもなく消えていたのである。顔を村里のほうへ向けた一瞬の間に、男たちはあとかたもなく消えていたのである。

そのあとにも、マントを着た男が木々の間を歩いているところを見たり、シルクのドレスの衣擦れの音や楽隊の音楽を聞いたりした。しかし、その場にいた人たちは、何も聞いていないと言うのだった。

1904年にも、ジョルダンはモーバリーとともにベルサイユを訪れている。そのときも、二人は1901年に見たものや人々を見つけることができていない。プチ・トリアノンの外観さえ違っていた。ジョルダンもモーバリーも、あれは神秘的な体験だったのだと思わざるを得ないの

ベルサイユ宮殿の別の場所。1774年に庭師が庭園の改修案を出している。その庭がモーバリーたちの見た景色とかなり似ている。

だった。

考察

この話に登場する二人の女性は、どちらも教養のある人物だった。エレノア・ジョルダンはオックスフォードで近代史を学び、その後、自ら設立したワトフォードの女学校で学長を務めた。シャルロット・アン・モーバリーも、オックスフォード大学のセント・ヒューズ・ホール（後のセント・ヒューズ・カレッジ）の学長だった。

二人はベルサイユで体験したことをまとめ、『アン・アドベンチャー』というタイトルで出版している。本は世の中の注目を集め、何度も重版された。

重版されるたびに、感想や批評が寄せられたが、彼女たちがおしゃべりに夢中になり、あまり周囲に気を配っていなかった点を指摘する声が多かった。ある批評家は、二人が見たという男たちは、幽霊などではなく、当時、社交界で有名だったロベール・ド・モンテスキューとその仲間であり、彼らは仮装をして、マリー・アントワネットが村里で開いていたようなパーティーを楽しんでいたのだと言った。しかしそれでは、庭で作業をしていた男たちの説明がつかない。

日付にも意味がありそうである。ジョルダンとモーバ

COLUMN

グレッグ・シェルドン・マクスウェル

1992年、2歳のグレッグは自分の前の空間を指さし、「おばあちゃんだ」と大声を上げるようになった。この写真は、グレッグの前に現れた祖母の霊が写ったものとされている。

リーがベルサイユを訪れたのは、1901年の8月10日。1792年の同じ日には、パリの民衆が蜂起してテュイルリー宮殿を襲撃し、国王一家を監禁している。

近代史を研究していたジョルダンが、その特別な日付に気づいていなかったというのは考えにくく、おそらくモーバリーにも教えていたのではないか。二人が見たものが同じでなかったことを考えると、歩きながら頭にイメージしていたものを、それぞれに周りに投影していたという可能性もある。

また、これは計画通りに改修されたかどうか確認されていないのだが、二人が見たという庭園の特徴が、1774年に庭師のアントワーヌ・リシャールが提案した改修計画のレイアウトにかなり似ている。二人がパリ滞在中にその資料をどこかで見て、無意識に記憶してしまった可能性も考えておいたほうがよい。

1901年8月10日のベルサイユの天気については、記録が残っていない。二人とも、重苦しい空気に包まれ、周りの景色が「平坦」に見えたと言っているが、このような感覚は、激しい雷雨がやって来る前に感じられることが多い。超心理学者のT・C・レスブリッジが、「蒸し暑い」天気に特に超常現象を体験しやすいという説を唱えているが、そのような日だったのか。「アドベンチャー」が想像の産物でなかったと仮定すると、気になるのは、モーバリーとジョルダンがあの日会ったマリー・アントワネットやルイ16世の宮廷に仕えていた人々は、本当に亡霊だったのかということだ。どういうわけかタイムスリップして、110年前に起こった出来事をリアルで体験してきたということはないだろうか。

献身的な幽霊

場　所○ノガレス（米国、アリゾナ州）
時　代○1942年
報告者○ゴードン・セント・トマス

米国移民局の職員ゴードン・セント・トマスは、1942年にメキシコとの国境にあるノガレスへ移り住んだ。新しい勤務地で、妻のサラとまだ幼い二人の子どもたために借りたのは、かつて陸軍の独身幹部宿舎に使われていた平屋の建物だった。

引っ越してみると、何かがおかしい。部屋へ入るたびに、直前まで誰かがいたような気配を感じる。しばらくしてトマスは気がついた。この家には幽霊がいて、いつも整理整頓しておかなければ気が済まない性格のようなのだ。例えば、トマスが仕事から帰ってきて帽子を椅子の上に放り投げると、必ず1～2分後にはきちんと壁に掛けられている。テーブルの上に読みかけの本を開いたままにしておくと、本棚に戻され、煙草の空き箱を散らかしておくと、ゴミ箱に捨てられていた。ある朝など、コーヒー沸かし器を強火のコンロにかけたまま、ひげをそりに行ってしまい、慌てて戻ってきてみると、火は弱く落とされていたということもあった。

しかし、トマスが何より忘れられないのは、遅い時間に帰宅した晩の出来事だ。妻を起こさないように、客間のベッドで寝たのだが、しばらくして、おかしな感覚に目が覚めた。誰かが自分の足をゆさゆさと揺さぶっているのだ。起き上がり、明かりをつけてみたが、部屋には誰もいない。明かりを消そうと見上げたそのとき、天井に一匹のサソリがいることに気がついた。しかも、ベッドの真上にである。夜が更けて気温が下がれば、トマスの体の熱に気づいて寄ってくるかもしれない。きっと「幽霊」がサソリに気づかせ、命を守ってくれたのだとトマスは思った。

考察

この建物が、メキシコとの国境紛争やアパッチ族の戦士ジェロニモたちと交戦中に、米国陸軍の宿舎として使われていたことを考えると、この霊は兵士たちの一人で、とりわけ整理整頓の好きな人物だったのだろうか。トマスは、すでに亡くなっているし、この事件から70年以上も過ぎ、建物の正確な位置などもわからなくなっている。すべては歴史のやぶのなかである。

グリニッジ・ビレッジの謎だらけの亡霊

場　所○バンクストリート11番地（米国、ニューヨーク市）
時　代○1957年
報告者○マイヤー・バーガー

1957年6月26日付け『ニューヨーク・タイムズ』紙に掲載された「ニューヨークのこと」というコラムのなかでマイヤー・バーガーは、グリニッジ・ビレッジ、バンクストリート11番地の高級住宅に出没する「かなりフレンドリーな」幽霊について書いている。住人は技術者のハービー・スラティンとその妻である画家のイエフェ・キンボールで、二人はその家をミセス・マッカリオという人物から購入していた。ミセス・マッカリオは、以前そこで下宿屋を営んでいたようだが、彼女に尋ねても下宿人についての情報は得られなかった。

スラティンたちが、上の階を歩く女性の足音や、ハンマーで何かを打ちつけているような音を聞いたのは一度や二度ではない。ただ、音の原因を突き止めようと上の階へ見にいきはしても、それにひどく悩まされているというわけではなかった。音は昼間に聞こえてくることが多く、メイドも最初に聞いたときにはさすがにおびえていたが、すぐに慣れた様子だった。

1957年2月、築125年のこの家を改装するのに、アーサー・ブロディという英国人の大工が作業をしに来ていたが、「古い家なら、いろんな音が響いてくるものだ」と言って、まったく動じていなかった。そのブロディがある朝、スラティン夫人の寝室の入り口に立ち、大声で言った。「すまん、奥さん。俺はもうこの仕事は嫌だ！　死体を見つけちまった！」。死体というのは冗談だったが、上の階の天井を壊す作業をしていると大量の漆喰《しっくい》とともに、漆塗りの金属の入れ物が床に転がり落ちてきたという。それにはラベルが貼ってあり、ニューヨーク市クイーンズ遺体焼却会社という社名と、消えそうな文字で「1931年1月に死亡し焼却されたエリザベス・ブロックの遺灰」と書いてあった。だが、天井が張られたのは、少なくとも1880年よりも前のことだ。

調査をしてわかったのは、エリザベス・ブロックは、近くのハドソン通りを渡っているときに、スピードを出していた車にはねられた。周りの人たちの助けで、すぐそばの雑貨屋に運ばれたが、救急車が到着する前に息を引き取った。しかし、彼女が住んでいたのはバンクストリート11丁目のこの建物ではない。ペリーストリート113番地だった。

スラティン夫人は、ちょうど何週間か前に、空いている部屋はないかと訪ねてきた身なりの良い若者がいたことを思い出した。彼が置いていった名刺の名前が、「E・C・ブロック」であった。

考察

自称ゴーストハンターのハンス・ホルターが『ニューヨーク・タイムズ』紙のコラムを読み、友人と霊媒師のエセル・マイヤーズを連れてスラティン宅を訪れ、交霊会を行ったのはその年の7月17日のことだ。マイヤーズはトランス状態に入ると、アイルランド訛りの言葉でポツリポツリと話し出した。降りてきた霊は、半身不随な上に心臓が悪いため、ゆっくりとしか歩けない「ベティ」という女性とのことだった。

そのベティと、カリフォルニアに住む兄のエディは、米国ニューヨーク州のプレザントビルの生まれで、母親の旧姓はマッカラーといった。「兄は私を、家族の墓に入れたくなかったんです。私が結婚しているとも思っていなかった…、でも、私には神の前で誓いあった夫がいました…、夫のチャールズと兄は一緒に…、兄は遺灰を盗み…、私はきちんと埋葬されなかった…、彼が戻ってきて、兄から奪い返し…、遺灰を隠したんです…。彼はわかっていました…、そのうち天井の改装工事が行われ…、遺灰が発見されるということを…。もう、兄に見つかることはありません…、私はあなたがたといられてよかったと思っています」。途切れ途切れで要領を得なかったが、ベティはそこまで話すとスラティン夫人のほうを見てうなずいた。

火葬することを決めたのは誰なのか。「兄ではなく、チャールズの意思でした。そのことで、二人は言い合いをしていました。チャールズは長老派教会の信者で、…私を彼の教会に安置したかったのでしょう。しかし私はそこまで背くことはできませんでした。彼らは信じられない行動に出ました。まだ熱い…、彼らは私の遺灰を火葬場から盗み出したのです」。ここで、マイヤーズは体の力を抜くと、トランス状態から目覚めた。ホルターは、スラティン夫人に声をかけた。「本来なら、遺灰は家の裏庭にでも埋めるべきでしょう。しかしベティは、居間のピアノの上に置いてほしいと願っています」。そして、ベティの願い通り、遺灰はそこに置かれることになった。

死者のためのミサ

場　所○ビューリー大修道院（イングランド、ハンプシャー）
報告者○マイケル・セジウィック、エリザベス・バーレイ

モンタギュー家が土地を所有していたビューリーには、自動車博物館のほかに、16世紀にヘンリー8世の修道院解散によって閉鎖された大修道院がある。1959年のもうすぐクリスマスという頃、博物館の館長マイケル・セジウィックは、荒れ果てた修道院のそばの自宅で、夜遅くまで仕事をしていた。煙草を吸いながらの作業で、煙を逃がすために窓を開けていたのだが、ふと気がつくと外から声が聞こえてくる。

「何かを歌っている声でした。美しい旋律で、波のように大きくなったり小さくなったりしながら聞こえてきます。まるで壊れたラジオが鳴っているようにです。隣人宅のラジオがミサ曲を流しているのかと思いましたが、こんな夜更けに、それもおかしい。ともかく、それはうっとりするような調べで、自分のラジオでも聞きたくてチューニングを合わせようとしました。ですが、その局がどうしても見つかりません。後日、人から聞いた話によると、それはこの辺りでよくある超常現象だというのです」

別の晩にも、やはり夜中まで仕事をしているときに、セジウィックは、その歌を聞いている。また

ビューリーにある荒れ果てた修道院。村で人が死んだ日の夜に、グレゴリオ聖歌を歌う修道士の声が聞こえてくる。これまでに、少なくとも2回はあったという。

1965年には、映画監督フレッド・ジンネマンの妻レニー・バートレットも、その歌声を聞いたと証言している。『わが命つきるとも』という映画のシーンを、修道院で撮影していたときのことだ。そしてモンタギュー家の娘エリザベス・スーザン・バーレイも、何度も耳にしているという。最初に聞いたのは18歳のときで、当時は敷地内の別の建物で暮らしていた。

「あれは真夜中になっても暑くて、窓際に座って外を眺めていたときでした。考え事に夢中で、その声になかなか気がつきませんでした。でも、急に背筋が凍るように冷たくなって、それは何人もの声で、同じ歌を繰り返し繰り返し歌っているのです。古いラジオの音のように、弱くなったり強くなったり。最初は、使用人の部屋にあるラジオが鳴っているのだと思いました。でも、違ったのです。ラジオではありませんでした。どこから聞こえてきていたのか、見当がつきません。次の朝、考古学者の友人にそのことを話すと、歌ってみるように言われました。私は、すっかり覚えてしまっていたその曲を歌って聞かせました。すると、それはとてもよく知られているグレゴリオ聖歌だということでした」

考察

後にマイケル・セジウィックは、その歌が聞こえてくるのは村で誰かが死んだ夜だったことに気がついている。そのようなことが、二度あったそうだ。当時ケータリングマネージャーをしていたバーサ・デイもその歌を聞いている。そのような夜には、モンタギュー卿も、たいていないはずの香の強い香りをかいだことが、何度もあったという。

ビューリーのように古い修道院には、修道士たちの霊が出るという話がついて回るものだが、このように客観的な証言に恵まれたケースは珍しい。

401便の幽霊

場　所○イースタン航空の飛行機（米国）
時　代○1972年〜

1972年12月初旬、イースタン航空のキャビンアテンダントが、ロッキード社のトライスター機について不吉な予感がすると同僚に打ち明けた。マイアミ国際空港に着陸しようとしているトライスターが見えたのだという。機体が地面にぶつかり、左主翼はバラバラに。生存者の叫び声も聞こえてきたという。この予感は本当になるだろうと彼女は言った。「それは、ホリデーシーズン中で、もうすぐ年が明けるという頃」。彼女や同僚はその便に搭乗しているかという問いに、「乗るのは、私たちではないけれど、かなり親しい人たちよ」と答えた。

同月29日、土壇場で乗務員のスケジュール変更があり、彼女たちはニューヨーク発マイアミ行401便には搭乗しなかった。そしてその航空機が、深夜、フロリダのエバーグレーズで大破した。大勢の乗客と乗務員数名が死亡。そのなかに、機長のロバート・ロフトと機関士のドン・リポもいた。

事故の原因は、システム上の小さな設計ミスが重なったこと。事故後、ロッキード社はシステムをすみやかに改善したが、破損を免れた部品を同社のほかの機体に再び取り付けた。不可解な出来事が頻繁に報告されるようになったのは、それからだ。

ニューヨークからマイアミへ飛ぶトライスターに、イースタン航空の副社長が乗り込んだ。見ると、ファーストクラスのシートに機長の制服を着た男が座っている。話しかけて、気がついた。ロバート・ロフト機長である。その瞬間、機長の姿は跡形もなく消えた。また別の便でも、ジョン・F・ケネディ

イースタン航空の機長ロバート・ロフト。1972年12月29日、ロフトが担当していたニューヨーク発マイアミ行401便は、フロリダのエバーグレーズで墜落し、大勢の死傷者を出した。

401便の航空機関士、ドン・リポ。イースタン航空の乗務員たちは、事故死したはずのロフトやリポの姿を機内で目撃している。彼らはトラブルを予言し、皆に注意を呼びかけた。

国際空港から出発しようというときに、機長と二人のキャビンアテンダントがロフトの姿を見て話しかけている。機長は不吉な予感にかられ、その便を欠航させた。

二人の霊はトライスター318号機に、特によく出没している。女性の乗客が、隣に座っている航空機関士の制服を着た男性の顔があまりに青白く、気分がすぐれないように見えたので声をかけた。しかし何の反応もない。彼女は、キャビンアテンダントを呼んだが、ほかの乗客も見ている前で、男性はこつぜんと姿を消した。女性客は、あとで航空機関士の写真を何枚か見せられ、消えた男性はドン・リポであると証言している。ニューヨーク発メキシコ行の同機のフライトでも、リポの顔がギャレーのオーブンのガラス扉に浮かび上がった。二人のキャビンアテンダントと駆けつけた機関士が、「この機体は火災を起こすぞ。気をつけろ」というリポの声を聞いている。この機体は、復路でエンジンの一つが故障を起こし、やむなくメキシコに引き返している。

スイッチはオフになったままで、乗務員の誰も機内アナウンスをしていないのに、男性の声でシートベルト着用と禁煙についての案内が流れたこともあった。また、ある航空機関士が飛行前点検を行っていると、制服を着たリポがコントロールパネルの前に座っていた。リポの霊は「飛行前点検は私がやっておいたから、何も心配することはない」と言って消えた。そして、機長のなかにも、リポと話した者がいる。リポはこう言ったそうだ。「もう二度と墜落事故は起こらない。私たちが目を光らせているからな」

考察

ジョン・G・フラーが、この事故とそれにまつわる数々の心霊現象について調べあげ、『401便の幽霊』という小説にして、幽霊たちがどのように「守ってくれた」かを語っている。死亡した乗組員たちの魂は、あのとき、自分たちが欠陥に気づいていれば、うっかり自動操縦モードを解除するなどということがなかったという後悔の念にかられ、もう二度と大惨事の起こらないよう、事故機の部品が再利用されている機体を見守っているようである。また、フラーは、ウイジャ

膨らんだ状態の救命ボート。後ろには、ロッキード社のトライスター 401 便の残骸が散らばっている。（1972 年、フロリダ）

ボードを使ってリポと交流したとも主張している。

聖域

場　所○ソープ・パーク（イングランド、サリー）
時　代○2011年

幽霊が巨大企業のビジネスを邪魔するなどということがありえるだろうか。実は、サリーにある遊園

ジェットコースターの基礎工事が始まると、首のない修道士の霊を見たなどという報告が相次いだ。

地ソープ・パークが、２０１１年にその遊戯施設の建設計画を変更したのは、死者の魂をなだめるためだった。

ストーム・サージという新しいジェットコースターは、６６６年に建設されたチャートシー修道院の遺跡からソープ教会をつなぐ僧の道という古い小道をまたぐように設計されていた。ところが、建設工事が始まると、おかしなことが起こるようになった。作業員や関係者が口々に、首のない僧侶を見た、誰かにじっと見られているような感じがする、ひとりでに物が動いた、突然水を浴びたように寒気がしたなどと言い始めたのである。

基礎工事のために、15メートルほど掘らなければならないのだが、そこは以前、いくつもの石棺が出土していた場所だった。

作業員たちが、仕事どころではなくなってきたため、サウスウエスト・ロンドン・

パラノーマルのジム・アーノルドに調査が依頼された。「結果はすぐに出ました。写真にはオーブや幽霊の影が写っていましたし、ウイジャボードを使った調査でも、ストーム・サージの建設予定地で一番強く反応していましたから」と、アーノルドは言った。

「これでは、大昔の共同墓地や集落の眠りを邪魔したために心霊現象が起きているとしか言いようがないでしょう」

ベドフォードにあるクランフィールド大学の地球物理学者ピーター・マスターズが、レーダーを使って土中を調べると、「墓地のような反応」があった。魂を静かに眠らせておくために、ひいては作業員が安心して仕事に取り組むことができるように、ストーム・サージは別な場所に建てられることになった。

考察

かつて墓地だった土地に何かを建設しようとして、死者の眠りを妨げ、怒りを買うという展開は、『ポルターガイスト』（１９８２年）をはじめとするホラー映画やオカルト小説などで繰り返し使われてきた手法であるが、ソープ・パークの関係者たちを怖がらせていたのは、まさにその怒りだった。幽霊騒ぎはそれほど深刻ではなかったが、遊園地の経営者はそのアトラクションを、園内の別な場所に建てることに決めた。２０１１年に新しいジェットコースターが走り出してからは、幽霊が現れたという報告はされてていない。

第5章

邪悪なもの

霊は、人間が見ていることなど
まるで気づいていないような態度を取るものだが、
なかには悪意を持ってわざと近づいてくる霊もいる。
それは、攻撃的なポルターガイストに似ていることが多く、
ときにはこちらの命を脅かすことさえある。

ジル・ド・レが生まれたシャントセ城（フランス、アンジュー）。ジルには140～200人もの子どもを殺したという噂がある。彼の霊魂は、今でもシャントセを離れていない。

セイラムの魔女

場　所○セイラム（現在のダンバーズ、米国、マサチューセッツ州）
時　代○１６９２年

初期の米国史のなかでも悪名高いセイラムの魔女裁判事件では、大勢の人が魔女として告発され、ひどい裁判が行われた。実は、現代ならすぐ気づいたはずの、ある種のポルターガイストに見られる典型的なサインが、この事件の初めの段階ですでに現れていた。

事の始まりは、１６９１年12月の下旬に、マサチューセッツ州エセックス郡セイラムに住む七人の少女がしていた占い遊びだった。未来の結婚相手を占うのに、ワイングラスに卵を落として「神託（オラクル）」を得るというやり方を教えたのは、サミュエル・パリス牧師の家で召使いをしていたティチューバというバルバドス出身の女性だった。ところがそれが、思いもよらぬ方向へ展開していった。パリス牧師の娘、エリザベス（９歳）と、いとこのアビゲイル・ウィリアムズ（11歳）が、突然何かに憑かれたようにヒステリックな発作を起こすようになった。すると後を追うように、ほかの少女たちも次々と発作を起こし始めた。アン・パットナム（12歳）やエリザベス・ハバード、メアリー・ウォルコット、メアリー・ウォーレン、マーシー・ルイスなど16歳から20歳までの少女たちである。

デオダート・ローソン牧師は、「発作を起こしているときの彼女たちは異常としかいいようがない。普通ではできないような奇妙な動きをしていた。そしてものすごい力で暴れていた。あの力は、本来の彼女たちに出せるようなものではない」

パリス牧師は娘とめいを遠い友人宅へ預けたが、セイラムにはまだ、ほかの少女たちが残っていた。

そのうち、彼女たちは「お化けのようなもの」に、何かで打たれたり、ひっかかれたり、たたかれたりすると言い出し、実際にあざが見つかることもあった。医師のウィリアム・グリッグスは、「彼女たちは魔の手にかかっている」と診断している。1692年2月、とうとう少女たちが、自分たちを苦しめている者の名前を言った。召使いのティチューバだった。そのほかに、村で嫌われていた二人の女性、サラ・グッドとサラ・オズボーンの名前も挙げられた。それからというもの、少女たちは村人を次々と告発していった。しまいには、マサチューセッツ州知事フィップスの妻やハーバード大学の学長なども告発されている。

魔女裁判の様子をここで詳しく述べることはしないが、セイラムの人々は集団ヒステリーに陥り、200人が有罪となり、20人が処刑されている。10月になって、ようやくフィップス州知事が海外から戻り、少しずつ混乱を収拾していった。最終的にセイラムの裁判官は自分の落ち度を認めはしたが、処刑されたり苦痛を余儀なくされたりした無実の人々に対しては、何の償いもしていない。

考察

少女たちの悪魔憑きを見てヒステリックに反応する人々の様子は、16世紀を中心にヨーロッパで吹き荒れた魔女狩りの嵐となんら変わるところがない。その頃、米国の白人たちは、ほとんどがヨーロッパから移住してきた人々で、まだ新しい土地で暮らすことに不安を感じていた。いつ先住民の攻撃があるかもしれず、また、奴隷たちの宗教的な儀式もことのほか怪しく見えた。敬虔《けいけん》なピューリタン（清教徒）であった彼らは、悪魔が自分たちの共同体に紛れ込んだかもしれないという恐怖に取り憑かれてしまった。

セイラムの魔女裁判の予審が行われた、インガーソルの宿屋。9歳から20歳までの少女たちが「お化けのようなもの」を目撃したという証言をしたあと、魔女の告発が始まった。

そのような感情に支配された雰囲気のなかで、少女たちの不可解な発作を見た人々は、彼女たちのする告発を簡単に信じ込んでしまった。今なら典型的なポルターガイストの現象だとわかるのだが、それを見極めるには、少女たちが皆、思春期であったり初潮が来る前であったりしたことに注目すべきだったのである。彼女たちがヒステリー障害だったのか、それとも故意に嘘をついていたのかは意見が分かれるところだが、いずれにせよ、セイラムのこの事件が、今後同じような事件が起きたときの参考になることは間違いない。

ベル家の魔女

場　所○ロバートソン郡（米国、テネシー州）
時　代○1817〜1820年
被害者○ジョン・ベル一家

テネシー州ロバートソン・カウンティのとある農場の家で、外から壁をドンドンたたいたりキーキーとこすったりといった心霊現象が起きるようになった。その家には、ジョン・ベルと妻のルーシー、それにベッツィ（12歳）、リチャード（6歳）、ジョン・Jr、ジョエル、ドルーリーなど九人の子どもたちが住んでいた。そのうち家の中にまで音が入ってきて、やかましく騒ぎ出した。ベッドの支柱をガリガリかじったり、天井をたたいたり、椅子を倒したり、重たい鎖を引きずったりしている。そしてある晩、それぞれの部屋で寝ていたベッツィとリチャードが、誰かに髪を引っ張られた。ぴしゃりとたたかれたというベッツィの頬には、真っ赤な跡が浮きでていた。

朝は、学校へ向かう子どもたちに、石や小枝が投げつけられた。攻撃はだんだんエスカレートし、握り拳のようなもので殴りつけられることもあった。そんななか、ベッツィがたびたび失神するようになる。失神の前には決まって、声が聞こえてくるという。初めはほんのかすかな音だったが、次第に、聞き取れるくらいの声になった。声は、自分のことを魔女だと言った。そして、町の二人の牧師が日曜に行う説教を、声色までそっくりに、繰り返しささやくのである。しばらくすると、今度は卑猥《ひわい》な言葉を投げつけるようになった。声は、「いまいましいジャック・ベル」をひどく憎んでいるらしく、死ぬまで苦しめてやると言う。

隣人のなかには、魔女の声を出しているのはベッツィ本人ではないかと疑う者もいた。しかし、町医者はベッツィの口元に手を当て、「彼女はそれらの音とは何の関係もない」という見立てをした。

父親のジョンは、顎《あご》を両側から殴られていると訴えるようになった。舌が腫《は》れあがり、話すことも食べることもできない。神経性のチック症状も出て、ぴくぴくと体をけいれんさせながら、ベッドから起き上がれない日が続いた。一方、母親のルーシーには、知らない間にナッツやフルーツがたくさん届けられていることもあった。リチャード、ジョエル、ドルーリーたちは、相変わらず殴られていた。

3年がたち、15歳になったベッツィは、近所に住むジョシュア・ガードナーと結婚の約束をした。ところが、ベッツィの耳元で「ああ、ベッツィ・ベル、ジョシュア・ガードナーはおよし。ベッツィ・ベル、彼と結婚してはいけない」と、魔女が何度もささやくのである。結局、この結婚話は白紙に戻すことになった。

その年の秋、ジョンは寝てばかりはいられないと、農場の様子を見にいった。しかし、リチャードが言うには、ジョンは頭を激しく殴られて、道端にばったりと倒れてしまった。辺りには、人をあざ笑うような歌や、悪魔のような金切り声が響いていたという。

ジョンは、再び寝たきりになった。1820年12月19日の朝には、意識がもうろうとして、目を開けようとしない。医者が到着すると、魔女の叫び声が聞こえてきた。「いまいましいジャック（ジョン）を生き返らせようとしたって無駄なこと。今回は、命をもらっていく。もう二度と、起き上がることはないだろう」。ジョンは次の朝、息を引きとった。ジョンのひつぎを墓穴に下ろしている間、魔女はまったく場にそぐわない陽気な歌を歌っていた。

それからは、魔女の声が聞こえてくることはめっきり少なくなった。ある晩、この家を出ていくが、7年たった頃に戻ってくるだろうと声がした。そして7年後、ルーシーとジョエル、リチャードの三人だけが残っていた家に、宣言通り、魔女は戻ってきた。ただ、わずかな間、ずるずると足を引きずるような音が聞こえ、あとは毛布が少し引っ張られただけだった。

考察

1951年、精神分析医のナンダー・フォダーがこのケースについて研究している。彼が参考にしたのは、リチャード・ベルが『私たち家族の問題』のなかで書いた家族のトラウマについての記述などである。フォダーは、ベッツィの失神は、霊媒師がトランス状態に入るときのものとは異なっているように見えること、また、ベッツィがまさにポルターガイスト現象を引き起こしやすい年頃であったことを指摘している。

一方で、ジョン・ベルが無意識下での罪悪感からくる神経症のような症状をみせていたことにも注目している。フォダーは、推測の域を出ないと前置きした上で、ベッツィの育ったような環境では、思春期を迎えることが精神的な痛手となることがあり、それが、長く押さえつけられてきた記憶を呼び覚ましたのではないかと言う。ベッツィは、小さな頃に父親から性的虐待を受けていた可能性があると。

フォダーの出した結論は、ベッツィは人格が分裂しており、どういうわけか無意識の片割れが独り歩きをして、父親を死に追いやった、というものだった。

ルーマニアの悪魔

場　所○ブハイ（ルーマニア）
時　代○1925～1927年
被害者○エレオノーラ・ズグン

超自然的な力に「憑かれた」少女を集中的に研究したのが、エレオノーラ・ズグンのケースである。エレオノーラはルーマニア北部にあるタルパ村の農家に生まれたが、1913年5月24日、12歳でブハイ村の祖父母の元へ預けられた。ある日、エレオノーラは道で金を拾い、それでお菓子を買って食べた。しかしそのことを話すと、祖母はカンカンになって怒りだし、その金は悪霊がわざと置いたものに違いないと言ってエレオノーラを責めた。

次の日、どこからかたくさんの石が飛んできて、家の窓が何枚も割れた。磁器の破片やレンガなども飛んできた。家の中では、コンロから五徳が、食器棚からマグカップが転がり落ちた。不正に手に入れたお菓子を食べたせいで、ドラク（悪魔）に取り憑かれてしまったのだと祖父母は考え、エレオノーラ

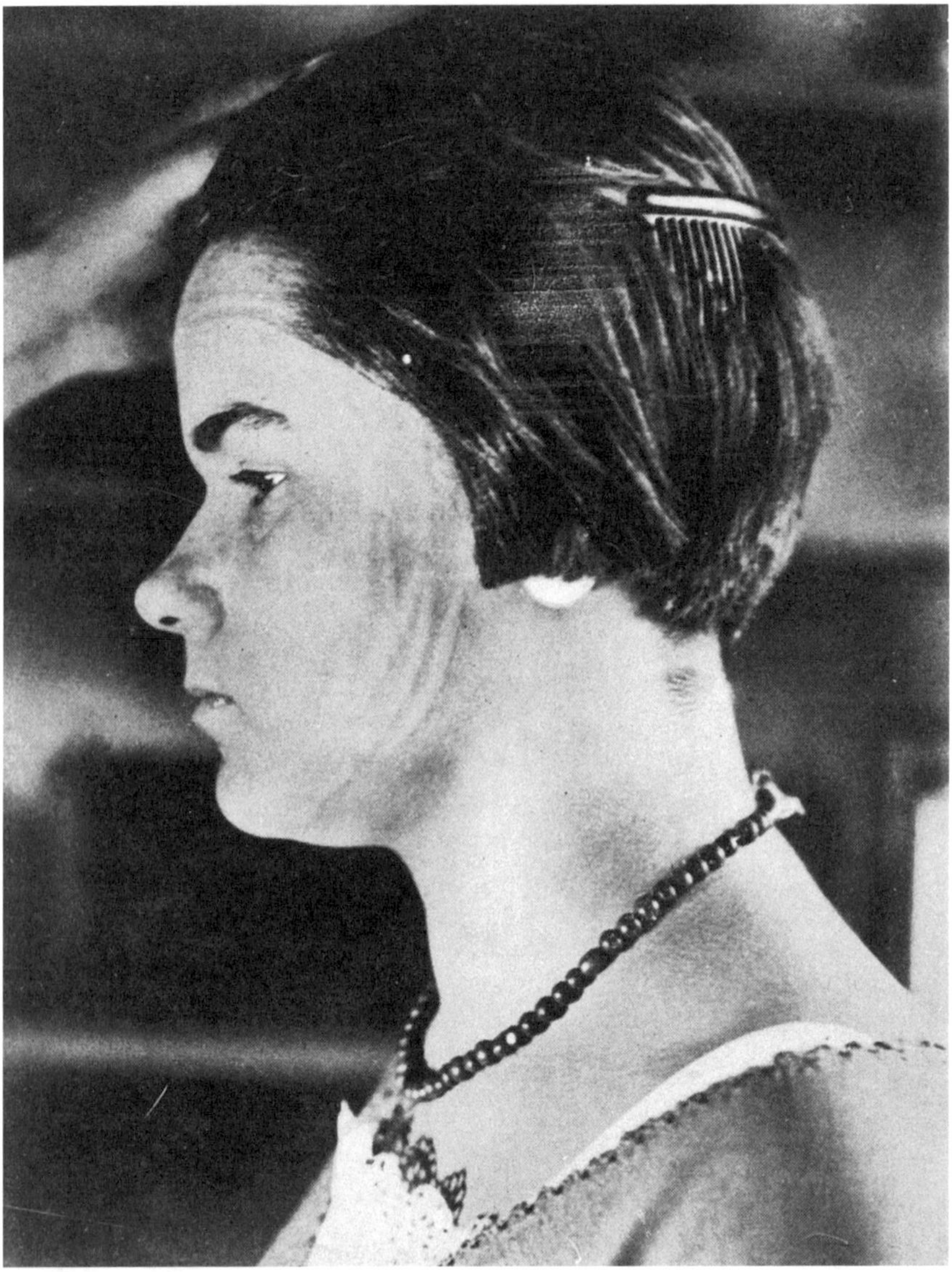

ハリー・プライスが記録した映像フィルムのなかのエレオノーラ・ズグン。ひっかき傷やみみず腫れのような頬《ほお》の赤い跡は、撮影している間にも浮かび上がってきた。

をタルパの親の元へ送り返すことにした。

タルパに戻っても、気味の悪い出来事は収まらなかった。家族で食事をしている最中に、窓ガラスを割って石が飛び込んできたのである。水に濡れていたから、すぐそばを流れるセレト川から飛んできたものらしい。村の司祭に相談すると、司祭は、その石に十字架の目印を書いてから川に戻した。すると、その数分後には、目印のついた同じ石が、再び家の中めがけて飛んできた。

そんなことが何日か続いたあとで、父親はエレオノーラを、ザモステアのマカレスクという老司祭のところへ連れていった。エレオノーラが司祭の部屋へ入っていくと、突然鉄の器がばらばらに飛び散り、すぐに、陶器のポットも同じ目に遭った。そして、司祭が目を丸くして見ている前で、ベンチの端の水のバケツが50センチほども浮き上がり、くるりと半円を描いたかと思うと、もう一方の端に着地したのである。水は一滴もこぼれていない。また、スクザバの聖ヨハネの巡礼地を訪れると良いらしいという話をした途端、壁にかかる聖ヨハネの絵をめがけて、どこからか石が飛んできた。

困り果てた両親は、エレオノーラをゴロベイ女子修道院へ入れた。司祭たちは、エレオノーラのためにミサを執り行い、魔よけの儀式も行った。ウクライナのチェルニウツィ大学からは、調査員たちがやって来た。ところが、原因がわからない。とうとうエレオノーラは精神障害だと決めつけられ、精神病院へ送られることになった。だが、新聞がこのことを書きたてたおかげで、ベルリンの技術者であり心霊研究家でもあったフリッツ・グリューネバルトがエレオノーラに興味を持ったのである。彼はエレオノーラの父親を説得し、彼女を精神病院から修道院へ戻させた。そしてそこで数週間、説明のつかない不思議な現象を自分の目でしっかりと観察した。グリューネバルトはエレオノーラをベルリンの近くの自宅へ連れていき、そこで調査を続けようとしたのだが、実現する前に突然心臓発作を起こして死んでしまった。

しかし今度は心霊研究に興味を持つゾ・ワシルコー＝セレキというルーマニアの伯爵夫人が、エレオノーラに救いの手を差し伸べた。伯爵夫人はエレオノーラをウィーンの自宅に住まわせると、1926年5月、英国人の心霊現象研究家ハリー・プライスに引き合わせた。

「エレオノーラは頭がよく、ほがらかで、発育の良い女の子でした。ただ、体は強くて健康でしたが、精神的には「幼かった」。さまざまな点からみて、8歳ほどに思えました。まず、内気である。単純なおもちゃを好む。かけひきをせず、やることが子どもっぽい。しかし、読み書きはちゃんとできましたし、芸術のセンスもありました。夫人と私はソファに座り、気に入ったおもちゃで遊ぶエレオノーラを

心霊現象研究家ハリー・プライス。プライスの手法には疑いがもたれることもあったが、エレオノーラを撮影した写真やフィルムには、懐疑派の主張も歯が立たない。

見ていました。エレオノーラが夫人の元へ走ってきて、おもちゃが壊れたから直してほしいというのです。夫人はつなぎ目のところを調べ、私は二人を見ていました。そのとき、手紙を開封するときに使う短刀が、後ろから飛んできて、前方のドアに刺さりました。すぐさま振り向きましたが、そんなことをできそうなものは何もなく、誰もいないのです。短刀は、普段は机の上に置いてありました。机は私たちの後ろの、一番遠い壁際でした」

ウィーン滞在中に、プライスは同じような現象を何度も目にしている。エレオノーラの体に傷やあざが出ていることにも気がついた。ひっかき傷やみみず腫《ば》れなどが、多い時には25カ所も、顔や首、腕などに浮き上がっていた。ドラクに傷つけられたのだと、エレオノーラは思っていた。伯爵夫人は、エレオノーラの腕をしっかりと握っていても、「誰かに噛《か》まれてでもいるように」、目の前で傷が現れたと日記につづっている。プライスは、夫人とエレオノーラを、ロンドンにある自分の研究室へ呼ぶことにした。

1926年、研究室では3週間以上にわたり、プライスだけではなくほかの科学者たちもひっきりなしに訪れ、エレオノーラを観察した。その間に起こった現象はそれほど多くはなかったが、やはりどうしても説明のつかないことばかりだった。棚の高いところにあったコインが動かされていたり、告知板に使うLの形の磁石が、エレオノーラの頭に落ちてきたりした。磁石は箱に入れて、図書室の物入れの中にしまっておいたものだ。Cの形の磁石は、ロザムステッド研究所から来ていたR・J・ティリヤード博士の懐中ナイフカバーの留め金のところへ、くさびのように押し込まれていた。懐中ナイフは、博士のコートのポケットに入っていたのにである。

ロンドンで集中的に観察されている間も、相変わらず体には赤いスティグマ（出血班）が現れていた。

プライスは、スティグマが現れた瞬間を何度も写真に撮り、映像フィルムにも収めている。エレオノーラと伯爵夫人は10月24日にウィーンに戻り、その後プライスは彼女たちに会っていない。しかし、何カ月かあとにプライスが知ったのは、エレオノーラに初潮が来て、次の日から、これまでの症状や現象がまったく起こらなくなっていたということだった。

考察

プライスが詳細な文章と写真、そして特に映像フィルムでの記録を残していることからも、エレオノーラのケースは、まれに見るほど念入りに調べられていることがわかる。心霊研究協会（SPR）の腕利きの調査員だけでなく、一流の精神分析医の協力も得られるところがプライスの強みだった。英国のメディアもエレオノーラに注目し、特に大手新聞社は並々ならぬ関心を持っていたようだ。

どこから見てもこのケースは典型的なポルターガイスト現象で、その証拠にエレオノーラが初潮を迎えた途端にぴたりとやんでいる。そしてやはり周囲では物を動かし、放り投げ、隠していたのは彼女だろうとささやかれていた。しかしプライスは、エレオノーラは完璧にコントロールされた環境に置かれていたため、インチキなどありえないと信じて疑わなかった。

エレオノーラは自分の身に起きた現象、特にスティグマのことは、自分に取り憑いていたドラクのしわざだと信じていた。そう思い込み、恐れることで、思春期特有の情動性ストレスはますます強くなっていったに違いない。そのストレスは、ポルターガイストの発生と深い関わりがあるとみられている。そして、エレオノーラのようなスティグマは、興奮しているときに出ること

——がある。生理学的な原因はわかっていないが、神経性の乾癬《かんせん》の症状にかなり似ているようだ。——

幽霊とダウジング

場　所○ブランスクーム（イングランド、デボン州）
時　代○1959～1962年
報告者○T・C・レスブリッジ

1957年の秋、考古学者のT・C・レスブリッジと妻のミーナは、英国南西部のデボン州ブランスクームにある14世紀のホールハウスに移り住んだ。そこでの二人の体験がとても興味深い。レスブリッジは、その体験から一つの理論を考え出している。

近所のホールミルに、老婆が住んでいた。ひどく変わってはいたが親切で、魔女であるともっぱらの噂だった。1959年2月22日、レスブリッジは、老婆の家を見下ろす丘の斜面に座っていた。ふと見ると、老婆が誰かと一緒にいる。その女性は、暗い色のスカートをはき、つばの広い帽子をかぶっていて、レスブリッジは第一次世界大戦以前に叔母たちがしていた格好を思い出した。彼はミーナと散歩がてら丘を降りていき、老婆にそのお客のことを尋ねてみた。すると老婆は、「ああ、あんたたちが見ているのは、私の幽霊さ」と言うのである。

この時、レスブリッジは、『幽霊と悪鬼』（1961年）の構想を練っているところだった。幽霊はアニバーサリーを好むものと考えていた彼は、1年後の同じ日、同じ場所でミーナと一緒に期待して待ってみた。しかし幽霊は現れなかった。ただ、二人とも、「ぴりぴりと電気的な刺激が辺りの空気に満ちている」と感じたという。

それから3年が過ぎた1962年1月のある日、レスブリッジ夫妻は畑の肥やしにする海藻を集めに、近くの海辺まで車で出かけていった。後にレスブリッジはこう書いている。「砂浜に一歩足を踏み出すとどんよりと絶望の霧の中に迷い込んだような気分になった。いや、あれは、恐怖だ」。数分後、ミーナが「もうここにいたくないわ」と駆け寄ってきた。「ここには、何かひどく嫌なものがいる」

それから数日後に、二人はもう一度、海辺へ行っている。「やはり前と同じ場所で、同じように絶望的な気持ちが襲ってきた」。一番強く感じたのが、小川が海へ注いでいる場所だった。ミーナも同じように気分が悪くなり、「最悪な気分だった。強烈すぎて、めまいがしているようだった。うまく言えないけれど、高熱でたくさん薬を飲んだときのような。それだけじゃなく、ぴりぴりするような感覚もあった」。二人は、崖の上に避難したが、ミーナはそこにいると、誰かに飛び降りろと言われている気がしてしかたがなかった。

考察

老女は、いざこざのあった近所の農民に呪いをかけてやると脅したあとに死んでいるのだが、そこで、レスブリッジは1年たってもいやな雰囲気が彼女の家の周りに漂っていることに気がついた。そこで、これまでにあった出来事を整理してみることにした。まず、天気はどの場面でも、「暖かく湿気が多い」。そして、特定の場所に行くと、絶望的な気分に襲われている。さらに、そのようなときには決まって、ぴりぴりとした空気を感じていた。

すでに何年も、ダウジングという方法で研究を行ってきたレスブリッジは、老女と会話をして

いると、興味をかきたてられた。丘の斜面の、彼が黒い服の幽霊を見下ろしていた場所で、小川が地下へ潜っていた。棒を使ってダウジングをすると、その小川の行方を追うことができた。一度大きく曲がると、あとは一直線に、ある場所へ向かっている。そこは、あの幽霊が立っていた場所だった。

『幽霊とダウジングの棒』（１９６３）のなかで、レスブリッジは自説を展開している。流れる水

英国デボン西部にあるブランスクーム。ここでT・C・レスブリッジは「絶望の霧」の中に迷い込むという奇妙な体験をした。そして、地下水脈のような流れる水は、強く感情の働いた出来事の印象を伝えることができるという説を立てた。

はエネルギーの場を形成する。そのエネルギーの場は、電流を送るケーブルを囲んだようなもので、そばにいる者にぴりぴりとした感覚を与えることもある。そして、このエネルギーの場は、どういうわけか印象さえも伝えることができるという。印象とは、その場所で、ものすごく強い感情によって引き起こされた出来事の「記録」だ。（この説を使えばダウジングによって水脈を見つけることの説明も少しはつく。）

レスブリッジは、さまざまな物質の上に振り子をかざし、エネルギーの場について調査した。そして、いささか非現実的ともいえる考えを思いついた。古代の人は、自然のなかに「魂」が宿っていると考えていた。水の精霊のナーイアスや森の精ドリュアス、岩山の精オレイアデス。つまりそれは、古代の人々も、自然のなかのエネルギーの場に気づいていたという証拠ではないか。そして、雷が鳴り稲妻が走るのがそうであるように、エネルギーの場も超常的な力によって生じたものだと信じていた。レスブリッジは、残りの人生のほとんどを、その研究に費やしている。ブランスクームでは、あることを知って、エネルギーの場に関する自分の考えに自信を持った。ミーナが飛び降りたい衝動にかられた崖では、下のほうで小川が海へと流れ込んでいた。そこは、数年前に男性が自殺をしていた場所だったのである。

アミティビル怪奇現象の真相

場　所○アミティビル（米国、ロングアイランド）
時　代○1975～1976年
報告者○ジョージ・ラッツと妻のキャシー、ジェイ・アンソン

ロングアイランドのアミティビルを走るオーシャン・アベニューの一角に、オランダコロニアル様式のその大邸宅が建てられたのは1928年のことだ。それから半世紀ほど過ぎた1974年11月13日の朝、その家に住む一家の息子、ロナルド・デフェオが近所のバーに大声で叫びながら飛び込んできた。何者かが家に押し入り、両親と四人の兄弟たちを惨殺したというのである。しかし、現場に残された手がかりから、六人を銃で撃ったのはロナルド本人だということがすぐに明らかになった。20万ドル（当時の為替レートで約6000万円）以上の死亡保険金をあてにしてのことだろう。彼には終身刑6回の刑が言い渡されている。

その家は事件後、1年以上も空き家のままだったが、ようやくジョージとキャシーのラッツ夫妻が買い取り、三人の子どもを連れて1975年12月18日から生活を始めた。ところがわずか1カ月で、一家はその家を出て、二度と戻ることはなかった。彼らの体験は、ジョージ・ラッツが1976年1月17日付けの『ロングアイランド・プレス』で語り、また翌年の『グッドハウスキーピング』4月号でも記事になった。そして、ジェイ・アンソンが『アミティヴィルの恐怖』（1978年）という本を出版し、それがベストセラーになると、1979年には『悪魔の棲む家』（2005年にリメイク）というタイトルで映画化され、続編や前編も数多く作られた。

映画『悪魔の棲む家』（1979年）で描かれているアミティビルの家。デフェオ家の惨殺事件が起きてから1年以上空き家だったが、ラッツ一家が引っ越してくる。

アンソンはラッツ一家とのインタビューを重ね、小説を書きあげた。彼らによれば、奇妙な出来事の始まりは、家の中に漂ってきた不快な匂いだったという。浴室に黒いヘドロのようなものがたまり、寝室には無数のハエが群がっていた。重たい玄関の扉がこじ開けられ、ちょうつがい一個でかろうじてぶら下がっているありさまだった。ガレージのドアも「とても人間のものとは思えない力」でズタズタにされ、雪の庭にはひづめのような足跡が残っていた。

キャシーは見えない腕に抱きしめられ、逃げだせずにいるうちに、体には赤いみみず腫《ば》れが浮かび上がってきた。一方、ジョージは、マーチングバンドの足音とともに、トランペットや太鼓の音を聞いた。さらに、ベッドの上に浮遊しているキャシーの姿を何度も目撃している。家の中には、確かに何かがいた。しかし、それは、頭巾《ずきん》をかぶった巨大な白い人影だったり、角が生え、顔の半分を銃で吹き飛ばされた悪魔だったりと、人によって描写がまちまちだった。そしてある夜、娘が窓の外を指さした。そこには「二つの赤い目が燃えていた。顔はなく、ただ、豚みたいに小さい意地悪そうな目が」。思わずキャシーは叫び声を上げていた。「いつもここにいるのよ。殺してやりたい！」

考察

ラッツ一家の怪奇現象の話がかなり大げさに脚色されているという噂は、初めからあった。警察は、調査を依頼されたことを否定し、内装工も、家にはダメージを受けた様子などまるでなかったと証言している。その頃、米国の超心理学会の会長だったスティーブン・カプラン博士は、数カ月の調査を行った末に、「この家が『幽霊屋敷』であることを証明するものは何も見つからなかった。わかったのは、返済できる当てのないまま家を購入した夫婦がいたということだけだ。

結論を言えば、この幽霊話はほとんどがフィクションである」と発表した。

そしてこの見解を裏づけるように、当時ジョージ・ラッツの置かれていた状況が明るみに出た。彼の結婚は二度目で、アミティビルに移った頃にはすでにいろいろと問題が生じていたらしい。キャシーの連れ子だった二人の息子は、家出をしてやると親を脅し、ジョージは事業がうまくいってなかったため、税金を滞納していた。アンソンの本にはこう書かれている。「ジョージは、心配で眠れない夜が続いていた。再婚して突然三人の子持ちになり、新しい家のために大きな住宅ローンを抱えている。アミティビルの税金は、ディアーパークの3倍も高い。スピードボートを買わなければよかったのに。いったいどうやって費用を賄ったらいいのだ」。『ロングアイランド・プレス』『グッドハウスキーピング』『悪魔の棲む家』と発表されていくにつれて、ラッツ一家の話はどんどんドラマチックになっていった。ジョージは、自分自身を肉体的にも精神的にもロナルド・デフェオと瓜二つだと思い込み、脚色を交えて話しているうちに、徐々に病的な妄想に取り憑かれていったといわれている。実は、彼の話が大々的に広まった陰には、デフェオの弁護士だったウィリアム・ウェーバーの存在があった。デフェオは、頭の中で家族を殺せという声が聞こえたと言っていた。ウェーバーは、アミティビルの家に超自然的な何かが棲んでいると世間や裁判所に信じ込ませることで、再審を勝ち取ることができると見込んでいたのだ。1979年7月27日、ウェーバーは、「ジョージはワインを何本も開けていました。私たちはこのホラーストーリーを、転がった瓶の中で考え出したのです。ふざけ合っているような感覚でした」と告白した。

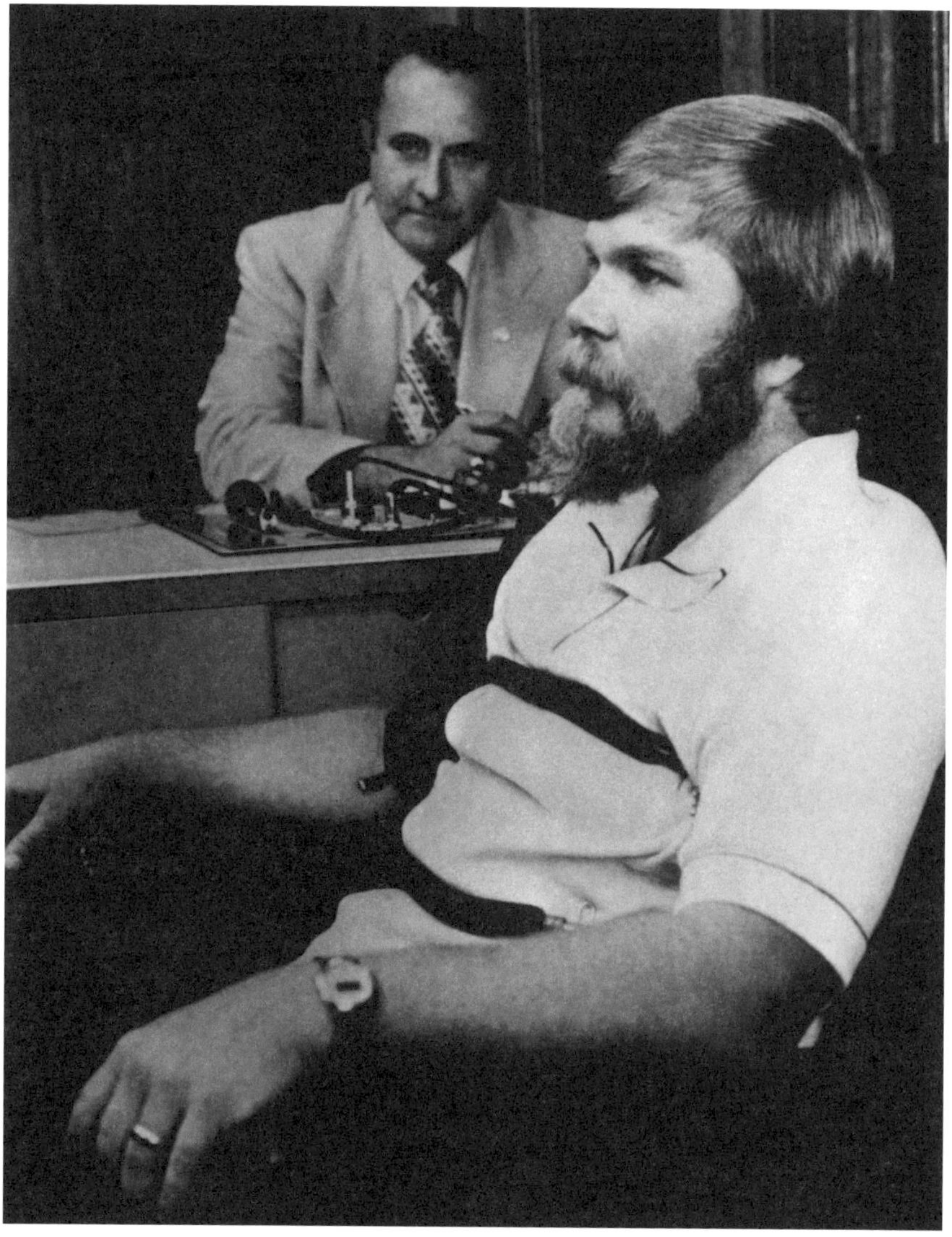

ジョージ・ラッツ（写真）は幽霊話にかなり嘘を盛り込んでいたと、米国超心理学会は結論を出した。

ビバリーヒルズの火事

場　所○ビバリーヒルズ（米国、カリフォルニア州）
時　代○1964〜1967年
報告者○ジョー・ハイアムズ

1964年の初め、ビバリーヒルズのしゃれた住宅に引っ越してきたのは、ジャーナリストのジョー・ハイアムズと、その妻で当時人気上昇中だった映画女優のエルケ・ソマーだった。しばらくたった7月6日、ジャーナリストのエディス・ダールフェルドがエルケを訪ねてきた。座って話をしていると、エディスが「あの男の人」を紹介してほしいと言う。てっきりジョーのことを言っているのだとエルケは思い、彼を呼びにいったが、家中探してもどこにもいない。

エディスが言うには、白シャツに黒ネクタイ、黒ズボン姿の男がいたらしい。鼻がジャガイモのように大きく、体もがっちりして、しわがれ声でしゃべっていたというから、ジョー・ハイアムズとは似ても似つかない人物である。夜になってから、そのことについて夫婦で話し合ったが、「よくわからないが、あまり深刻には考えないでおこう」ということになった。

ところが、その2週間後、泊まりに来ていたエルケの母親が夜中に目を覚ますと、ベッドのわきに男が立っていて、じっと自分を見下ろしていた。叫び声を上げる直前に、男はパッと消えた。次の朝、話を聞いたジョーは、おおかた空き巣狙いが窓からのぞき込んだのを見間違えたのでしょうと義母をなだめた。念のため外を調べてみたが、夜中に降った雨のせいで、窓の下はぬかるみ、足跡のようなものは見つからなかった。

その頃から毎晩のように、夫婦は奇妙な物音を耳にするようになった。ダイニングルームで椅子をあ

女優のエルケ・ソマーは、1964年にビバリーヒルズの家に引っ越した。それから3年間、その家では、ソマーや夫、訪れた客たちが、霊を目撃したり、奇妙な物音を聞いたりするなど、心霊現象が起こった。鍵をかけたはずの窓も、気がつくと開いていた。

ちこちに動かしているような音だった。エルケが海外での撮影のため留守にしている間にも、夜になると聞こえてくる。それに、暗くなる前に鍵をかけておいた窓が、開け放されていた。ジョーは、小型の無線送信機を3台購入し、テープレコーダーに取り付けた。そして、ドライブウェイの入り口と玄関先、ダイニングルームに見えないように設置した。

その夜も、2階で寝ていると例の音が聞こえてきた。ジョーは拳銃をつかむと、そろそろと下へ降りていき、廊下を渡ってダイニングルームへと向かった。ドアは開け放してある。片手で銃を持ち、もう片方の手で明かりをつけた。誰もいない。椅子も、あらかじめつけておいたチョークの印から、少しもずれていなかった。

朝になってから、ジョーは昨晩の録音テープを聞いてみた。ドライブウェイと玄関のテープからは何も変わった音は聞こえてこない。しかし、ダイニングルームのテープには、ガタゴトと椅子の動く音がしっかりと録音されていた。それは、スイッチを入れるパチンという音がすると、途端に聞こえなくなった。ジョーの小さなせき払いの音は入っている。そして、ジョーが諦めてベッドに戻り、眠りについた頃に、再びガタゴトと動き出しているのである。

それからは、白シャツに黒ネクタイ、体格の良い男が見えると訴える客が増えた。そういう状態が1年も続き、夫婦は、家を上から下まで徹底的に調べることにした。人が隠れられそうな場所や、もぐり込めるような隙間がないか。しかし、そんなものはどこにもなかった。地盤が動いて、地面の下から音が鳴るようなことがなかったかと地質学者に尋ねてもみた。夫婦が二人とも留守にするときに、家を見張るよう雇われた探偵の報告では、ドアにも窓にも鍵をかけたが、やはり開いていたらしい。照明もひとりでに、ついたり消えたりしていたという。

そのうちに、飼っていたイヌもおかしな行動をとるようになった。誰もいないダイニングルームに向かって激しく吠えたてる。ジョーは、米国心霊研究協会（ASPR）に調査を依頼することにした。UCLA（カリフォルニア大学ロサンゼルス校）の研究者たちも、このケースに興味を示したようだった。

ASPRから調査団が派遣されてきた。ジョーの言葉を借りると、彼らは「大真面目で、一部を除いて正直な」霊能者たちだった。彼らには夫婦が体験したことや、客が見たという霊のことなどは一切知らされなかったにもかかわらず、一人は、体格の良いヨーロッパ人の男がいると言い、ほかの二人は心臓病で死んだ58歳の大きな男がいると言った。この家の主人と共同で作業していた仕事が完了する前に亡くなった男だという。ジョーは何年か前に一緒に本を出す予定だった、ある医者のことを思い出した。その医者は、まさに58歳のとき、本が書き上がる直前に心臓発作で亡くなっていた。また、家に取り憑いているその「モンスター」は「酒を飲んで酔っぱらい」、憎しみにとらわれていると報告した調査員もいた。

夫婦の前の住人も幽霊が出ると言って、数カ月もしないうちに引き払っていたことがわかった。ジョーはASPRに、霊を退散させるための霊媒師を寄こしてもらうことにした。ロッテ・フォン・ストラール夫人がやって来て、ダイニングテーブルの上座に陣取った。夫人は、「残忍で、身の毛もよだつようなモンスター」が自分のそばをうろついているから、エルケに、しばらく一緒に祈ってほしいと言う。そして最後に二人は声を合わせ、「やつは退散した！」と高らかに宣言した。その夜、ジョーとエルケはドアと窓にしっかりと鍵をかけ、ベッドに潜り込んだ。しかし、やはり、ダイニングルームからは、椅子の動く音が聞こえてきたのである。

ジョーは、自分たちの体験した超常現象を、『サタデー・イブニング・ポスト』誌の記事にした。「私たちは、自分の家に少なくとも一人は幽霊がいるということを認めざるを得なかった。だが、それでも引っ越そうという考えは起きなかった。誰かに驚かされて家を追い出されるなんてまっぴらだ。それが、生きている人間であっても、幽霊であっても」

ところが、そんな彼も、その8カ月後には、考えを改めなければならなかった。1967年3月13日の未明、ベッドルームを激しくたたく音で、ジョーとエルケは目が覚めた。階下から笑い声が聞こえてくる。ドアを開けると、煙がどっと入ってきた。二人は慌てて窓から屋根へ出て、傾斜を利用して下へ降りた。見ると、ダイニングルームから激しく炎があがっている。捜査員たちは原因不明の怪火であると発表した。ジョーとエルケは白旗を挙げ、その家を売りに出すことにしたのであった。

考察

ジョーは出火を霊の仕業だと考えていたが、このケースでは別の解釈も考えられる。一度、エルケが、霊を自分の死んだ父親ではないかと考えたことがあった。そうだとすれば、ベッドルームのドアをたたいたのは、二人に危険を知らせるための、親切心から来るものだったはずだ。おかげで、二人は火事に巻き込まれず、無事に逃げることができた。

COLUMN

ウィットビー修道院

荒れ果てたウィットビー修道院跡があるのは、英国ノースヨークシャー州の海を見下ろす崖の上。ブラム・ストーカーの小説『ドラキュラ』では、その海岸に吸血鬼が流れつく。修道院の創設者レディ・ヒルダの霊が、死装束に身を包み、高窓に現れるという。

日本の幽霊

英国ほど幽霊話の多い国はないが、ライバルを挙げるなら断然、日本だろう。

日本古来の宗教である神道は、死んだあとも魂が永遠に残ると教えている点で、世界的な大宗教にも通じるところがある。神道にも魂を鎮《しず》めるための幽冥界という領域があるが、そこからこの世に未練のある幽霊が戻ってきて、生きている間に自分を苦しめた人間に取り憑き、復讐するという。そのため、神道ではたくさんの儀式が行われるようになった。西洋人はそれを、先祖を崇拝するためのものと考えることが多いようだが、実は死者の魂がこの世をさまよい続けないよう、なだめ、鎮めるためのものである。

神道は、動物や植物、無生物などの自然にも霊性があると考える、古くからある自然崇拝である。その信仰を土台にして数多くの民間伝承が生まれてきた。そのなかでよく描かれているのが、亡霊の持つ悪意と人に対する凶暴さである。仏教が日本に伝わってから、神道も少しずつ変化し、亡霊は幽霊界からではなく地獄からやってくるものと考えられるようになったことで、亡霊はすさまじい悪意を持つものというイメージが定着したのかもしれない。

これは実話だと伝えられているが、藩主堀田上野介《ほったこうずけのすけ》の下で、佐倉藩の農民は重い年貢や税の取り立てに苦しんでいた。農民たちは命がけで将軍に直訴をすることを決意し、佐倉惣五郎という義民が自らを犠牲にして直訴した。しかし事態は少しも好転せず、ただ事件のことが藩主の耳に入れられたにすぎなかった。藩主は非道にも、惣五郎と妻の目の前で子ども三人を打ち首に、両親をはりつけにしている。惣五郎は自分も絞首刑に処せられながら、必ずや幽霊となって上野介に取り憑き、呪い殺すと大声で誓ったという。

数ある歌舞伎の演目のなかでも特に人気が高いのが、18世紀の青山鉄山という侍の話である。鉄山がお菊という腰元の美しさに惹かれたが、相手にされないため、だまして自分の言うことを聞かせようとたくらむ。

鉄山は、お菊に預からせていた家宝の10枚の皿のうち1枚を隠した上で、自分の前で皿の数を確かめるように迫った。お菊は言う通りに数えたが、もちろん何度数えても9枚しかない。ここぞとばかりに鉄山は、自分の妾《めかけ》になればすべて忘れ、とがめだてしないと切り出した。しかし、お菊はかたくなに拒絶し、とうとう怒り狂った鉄山に切られ、井戸の中へ放り込まれてしまう。

そのことがあってから、井戸には夜な夜な、お菊の亡霊が出るようになった。1枚、2枚と皿を数えていき、9枚まで数えたところで、どろんと姿を消す。罪の意識にさいなまれた鉄山が仲間に打ち明けると、仲間はその夜、井戸のそばへ身を隠してお菊の霊を待った。丑三《うしみ》つ時、現れたお菊が皿の数をゆっくりと数え始める。9枚まで数えたとき、すかさず「十!」と言う仲間の声が響いた。その途端お菊の姿は消え、それっきり現れることはなくなった。

1803年に山東京伝《さんとうきょうでん》が刊行した『復讐奇談安積沼《あさかのぬま》』は、歌舞伎の題材にもなり、その演目は何人もの作家によって書き継がれている。主人公は、小幡小平治《こはだこへいじ》という役者で、妻に裏切られ、さらに妻の情夫に殺されるが、怨念を晴らすために幽霊になって舞い戻り、二人を呪い殺すという話である。

ほかに、平将門の娘、滝夜叉姫《たきやしゃひめ》の物語なども、歌舞伎では人気の演目である。将門は940年に反乱

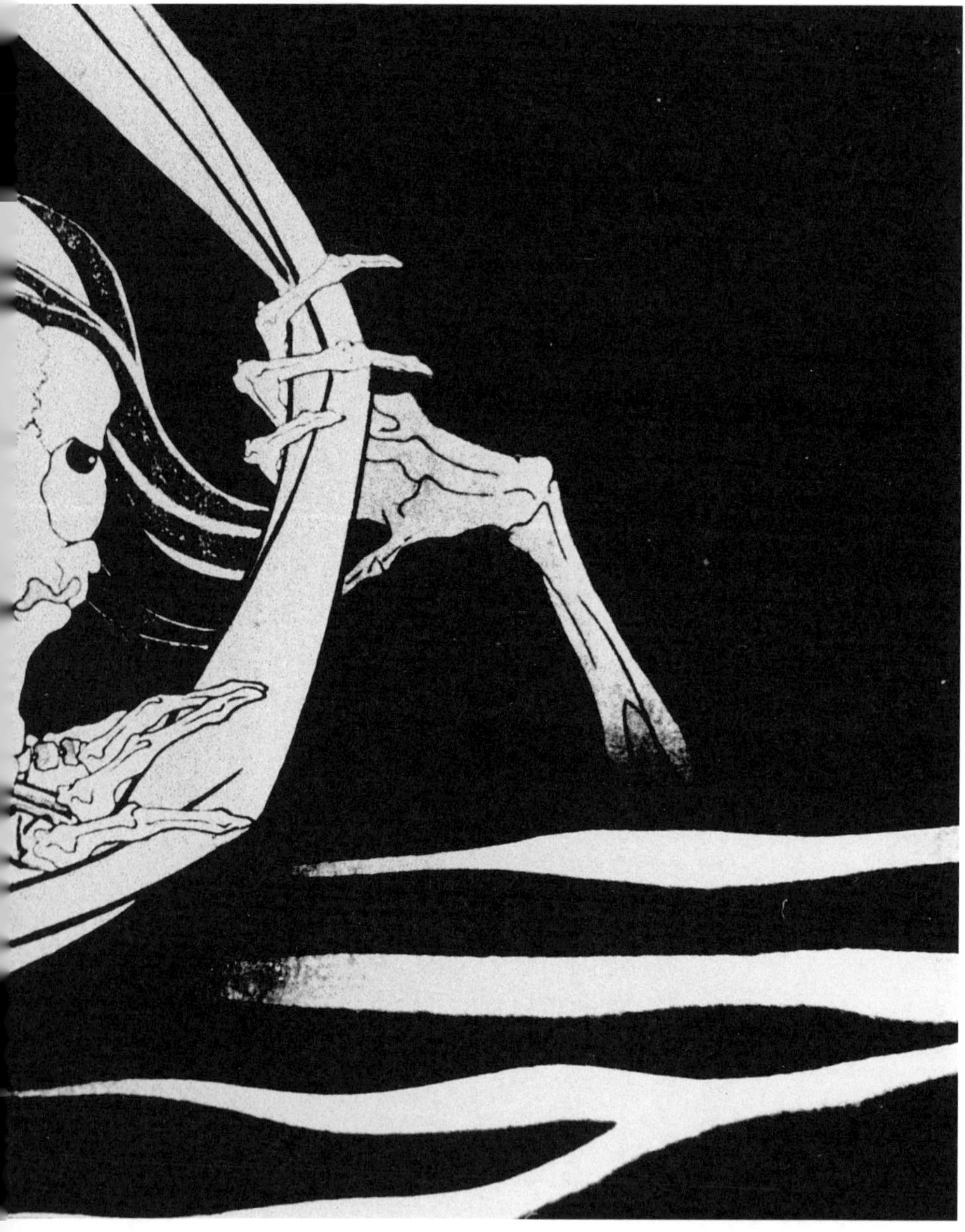

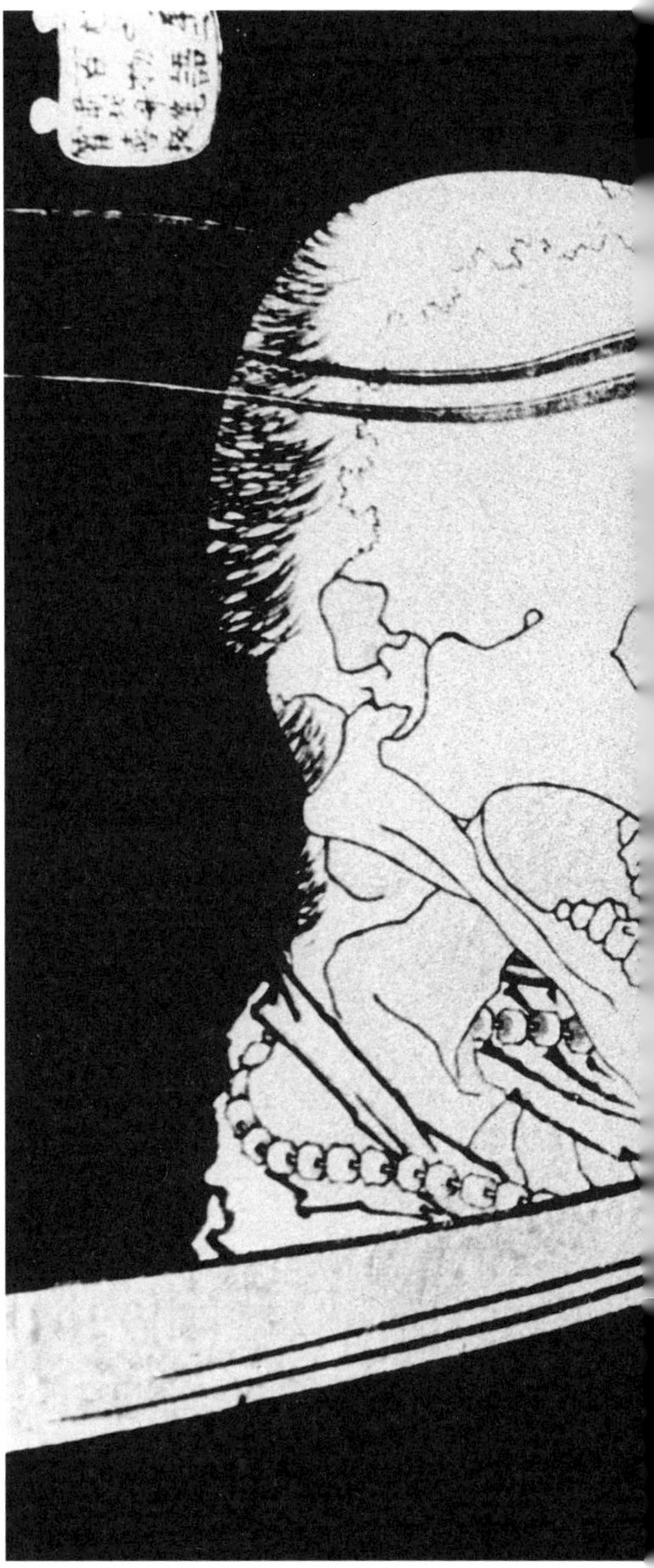

を起こし、敗死。滝夜叉は、一度は尼になるが、義理の弟と妖術を使って再び謀反を企てる。将門のかつての城で、巨大な骸骨などを操りながら戦う算段だった。

しかし、朝廷の命を受けた陰陽師の光圀がそれに気づいて城に攻め入り、滝夜叉や弟を殺しただけでなく、妖術で集めた妖怪の類もすべて退治したのである。

第6章

亡霊と生霊

命の危険が迫っているとき、
霊になって親しい人たちに知らせることができるという。
しかし、その姿を現していられるのは、
死後12時間ともいわれている。

1956年に撮影された、イングランドのケントにあるイーストリー教会。写真家は、そこには誰もいなかったと断言しているが、牧師の霊のようなものが写っている。

ジョン・ダンの妻

場　所○パリ（フランス）
時　代○17世紀初め
報告者○アイザック・ウォルトン

1605年頃、イングランドの詩人ジョン・ダンは、パトロンであるサー・ロバート・ダドリーのパリへの外交の旅に同行しなくてはならなかった。まだ若い妻のアンは、出産を控えていたため、夫がそばにいてくれないことが不安だった。実際アンは、何か嫌なことが起こる気がしてならないとダンに言っていた。しかしアンがいくら訴えても、「サー・ロバートは懸命に説得してきたし、それまでに受けた恩を思えば、ダンは断ることはできなかった」

パリまでは12日かかった。しばらく滞在しなければならず、まだ2カ月間は戻れないだろう。家を離れて半月ほど過ぎた頃、サー・ロバートはダンが部屋の中でうろうろと歩き回っているのに気がついた。「サー・ロバートがびっくりしている前で、ダンは顔つきもいつもと違い、心ここにあらずといったふうだった」。ダンが一人でいた時間は30分足らず。その間に何があったのか。彼は、なかなか話し始めることができなかった。

「しばらくためらっていたが、彼は話し始めた。『先ほどから、私にはずっと恐ろしい光景が見えていたんです。この部屋に妻が現れ、二度もそばを通っていきました。髪は肩に垂らし、死んだ赤ん坊を抱いて……』」。サー・ロバートはダンに、君はいつのまにか眠っていたのだろう、起こったことはみんな夢だったのだと言った。「ダンはこう答えた。『あのとき目覚めていなかったんだとしたら、今、生きているのかどうかさえ怪しくなります。あれは現実です。妻が二度目に現れたとき、立ち止まって私の顔

イングランドの詩人ジョン・ダンが、パリの部屋で妻アンの姿を見たとき、アンはロンドンで陣痛に苦しんでいた。子どもは死産だった。

をじっと見つめ、そして、消えたんです』
次の日になっても、夢ではないという気持ちに変わりはなく、ダンはサー・ロバートに、妻の安否を確かめるため、イングランドへ大急ぎで使いをやってほしいと頼み込んだ。「12日目に使いが戻ってきた。ダン夫人は悲しみのあまり寝込んでいたという。長くてつらい陣痛の末に生まれてきた子は、すでに死んでいた。それは、ダンが自分の部屋で妻を見た日で、時間もまさにその時だった」

COLUMN

デレク・スタフォード
1990年11月22日、デレク・スタフォードが英国グロスターシャー州チェルトナムの近くにある聖マリア教会の墓地で墓石の写真を撮っていたとき、そこに黒いフード付きマントを着た人などいなかったと言っている。噂では、その教会と近くにある小修道院に「黒い服を着た大修道院長」が取り憑いているという。

考察

1601年、ダンは29歳で16歳のアン・モアと結婚した。アンは当時のダンの雇い主サー・トマス・エジャートンのめいで、アンの父親から承諾を得ないままの結婚だったため、ダンがしばらく投獄されていたこともあった。このようなことや、ダンがアンへの熱い想いをつづった詩からも、夫婦の間に強い愛の絆があったことがうかがわれる。

文字通り、産みの苦しみを味わったあとで、子どもの死を知ったアンの気持ちを考えれば、「クライシス・アパリション（危機幻像）」をダンに送っていたとしても不思議はない。しかし、それが、霊が現れたものなのか、ダンがテレパシーを感じたことによるものなのかは、意見が分かれている。

パイロットの帰還

場　所○コルカタ（インド）、イングランド
時　代○1917年の3月19日と12月
報告者○ヒューバート・ウェールズ

1917年3月19日の朝早く、英国陸軍航空隊の英国人パイロット、エルドレッド・ボウヤー＝バウアーはフランス上空で撃墜され、戦死した。死の瞬間から12時間たつまでの間に、エルドレッドは、インドのコルカタのホテルに滞在していた異母妹のドロシー・スピアマンに会いにいっている。ドロシーは、霊が現れたという事例を集めていた心霊研究協会（SPR）のヒューバート・ウェールズに、その

ときのことを報告している。「そのとき、私は縫物をしたり、赤ん坊をあやしたりしていました」。エルドレッドは「いつものように、いたずらっぽい表情」をしていて、それがとてもリアルで、実際に肉体を持ってそこにいるのだとドロシーは思っていた。後ろを向いて赤ん坊を寝かせてから、振り向きざまに抱きつこうと腕を伸ばした。ところが、そこにはもうエルドレッドはいなかった。

「兄はからかっているんだろうと思ったんです」と、後にドロシーは語っている。「それで、兄の名を呼びながら、思いつく場所を探して回りました。でも、どこにもいないことがわかって、私は驚き、怖くなりました。もしかすると兄は戦死したのではないのかと。気分が悪くなり、めまいもしてきました。そして昼の2時頃、教会で赤ん坊に洗礼を受けさせていたときも、私は兄がそばにいるような気がしてしかたがありませんでした。しかし、姿は見えませんでした」

ちょうどその頃、やはりまだ戦死の知らせが届いていないイングランドでも、エルドレッドの姉セシリー・チャターの元へ、「おじさんがしたにいるよ」と3歳の娘が告げにきた。エルドレッドはフランスに行っているのだと諭しても、階下にいると言って聞かない。その日の遅くにチャターは母親へ手紙を書き、そのなかでこの小さな出来事について触れている。それは、特に何かを感じとっていたわけではなく、娘がよくエルドレッドのことを口にしている、というくらいのつもりだった。

それから9カ月ほど過ぎた12月には、フィアンセだった女性の元へもエルドレッドは現れている。彼女が目を覚ますと、隣にエルドレッドが座っていた。話しかけると、「唇が動き、ささやくような声で」答えが返ってきた。彼女は手を伸ばしたが、その手はアルフレッドの体を通り抜け、そして彼の姿は霧のように消えてしまった。

そしてこれも12月の話だが、エルドレッドの母親が寝ていると、急に体が熱くなり、そのあとすぐに寒けがやって来た。黄味がかった青い光が部屋の端を照らしている。その光が母親の前まで近づいてきた。「くしゃくしゃの薄いシフォンの布が開いていくようでした。そこにきれいにウェーブのかかったエルドレットの髪が現れたのです。数秒ほどで、今度は額と、太く整った眉が現れました。そして見ているうちに、あの青く澄んだ目が。いつものいたずらっ子のような目つきではなく、真剣な強いまなざしをしていました。そこでいったん小刻みに震え、最後に細いひげを生やした口元が現れました。私は手を伸ばして、言いました。『エルドレット、見つけたわ』。すると、すべてがゆらゆらと揺らめいたかと思うと、すーっと消えていきました。光も、何もかも」

考察

G・N・M・ティレルは『幽霊』（1953年）のなかで、こう述べている。「もちろん、子どもの証言をいつもうのみにはできないし、死を知らせに来た霊は、ただの幻覚であるという意見もある。しかし、それでは説得力に欠ける。母親の証言のなかには、テレパシー（精神感応）によるものとしか思えない事象があまりにも多く含まれているからである」

航空事故

場　所○英国空軍（RAF）スキャンプトン基地（イングランド、リンカンシャー）
時　代○1918年12月7日
報告者○J・J・ラーキン中尉

1918年12月7日の正午前、RAF（英国空軍）のデイビッド・マコーネル中尉は司令官から、一人乗りの複葉機アブロ「キャメル」を、スキャンプトンから95キロほど離れたタドカスター基地まで届けるように言われた。出発の前にマコーネルは部屋に寄り、ルームメイトのラーキン中尉へ声をかけた。「お茶の時間に間に合うように帰ってくるよ。チェリオ（じゃあな）！」

タドカスターへはもう一人別のパイロットが、二人乗りの飛行機を操縦してついていく。帰りは、その飛行機にマコーネルを乗せて帰ってくる予定である。そろそろ途中の町ドンカスター上空という頃、霧が立ち込めてきたため、2機の飛行機はいったん近くの飛行場へ着陸した。マコーネルが電話をして指示を仰いだところ、司令官の答えは、「君の裁量に任せる」というものだった。マコーネルたちは再び離陸し、タドカスターを目指した。しかし、霧はさらに深くなっていく。もう一人のパイロットは、諦めて緊急着陸することにした。

マコーネルの飛行機はぐるりと旋回して、降りていった飛行機の無事を確認すると、タドカスターへ向けて飛行を続けた。しかし午後3時半少し前、彼の飛行機は横滑り飛行をし、一度態勢を整えたものの失速、ついには墜落してしまった。その一部始終を、タドカスター基地飛行場近くで少女が目撃していたのである。少女は飛行機に走り寄ったが、マコーネルは頭を操縦桿《かん》に激しく打ちつけてすでに死亡していた。彼の時計は、墜落時の衝撃で止まっていた。針が指していたのは3時25分だった。

ちょうどその頃、ラーキン中尉は部屋で本を読んでいた。「ドアに背を向けて、暖炉の火にあたっていました。ドアまでは2メートルくらいです」と、ラーキン中尉は当時を思い出しながら言った。「誰かが廊下を歩いてくる音が聞こえました。いつものようにガチャガチャと音を立てながらドアが開き、『よう、ただいま』というデイビッド（マコーネル）の声がしました。椅子を回転させてそっちを向くと、彼はドアノブを握ったまま戸口のところに、ちょうど半分部屋の中に、半分外にいるような感じで立っていました。

「彼は、飛行服を着ていましたが、頭にかぶっていたのは海軍の帽子です。それがいつものスタイルで、変わったところはありません。帽子は浅くかぶり、にっこり笑っていました。普段、部屋に来て私たちに声をかけるときと同じように。

『よう、ただいま』と言った彼に、私は『やあ、もう帰ったのかい』と聞きました。『ああ、任務完了だ。いい旅だった』。その間、私は目を離していません。『じゃあな！』。乱暴にドアを閉め、彼は行ってしまいました。時計を見ていないので、はっきりとした時間はわかりませんが、午後3時15分から30分までの間だったはずです。しばらくしてガーナー・スミス中尉が部屋に来たのですが、それが3時45分頃でしたから」

ガーナー・スミスは、「マック（マコーネル）」が早く帰ってくるといいが、と言った。リンカーンへ行くことになっていたからである。ラーキンは、マコーネルならもう帰ってきている、おそらく着替えているんだろう、と返した。その夜遅く、リンカンシャーのアルビオンホテルに届いた知らせで、ラーキンは、タドカスターで飛行機が墜落してマコーネルが死んだことを知ったのである。

考察

ラーキンが午後3時45分の少し前にマコーネルと話をしたという証言を、ガーナー・スミス中尉も支持している。それは、墜落事故の知らせがスキャンプトンに届くずっと前のことだった。ラーキンは見間違いをしていたのか。しかし、彼はこう記している。「部屋は4メートル四方と狭く、照明もついていたので隅々まで明るかった。陰や見えにくくなっているところなどなかった」

その年の春まで海軍航空隊に所属していたマコーネルは、海軍の帽子を愛用していた。その基地に、海軍の帽子をかぶっている者はほかに二人いるが、そのどちらも、背丈、体つき、しぐさ、声、何から何までマコーネルとは違うと、マコーネルの父親が証言している。

マコーネルは飛行用ヘルメットがあまり好きではなく、着陸と同時に脱ぎ捨てるため、海軍の帽子をコックピットまで持ち込んでいた。しかし、死亡時に着用していたのは、まだヘルメットのはずだ。ラーキン中尉は、彼の霊が現れている間、いつもならこうだというマコーネルをイメージしていたのだろう。つまり、海軍の帽子をかぶり、「いい旅だった」と笑って報告するマコーネルの姿を。

湖を渡る老人

場　所○キルガー（アイルランド、リートリム県）
時　代○1926年2月
報告者○アンナ・ゴドレイ、ロバート・ギャラガー（執事）

ある日の午後、アイルランドのリートリム県キラガーのミス・アンナ・ゴドレイが、自分の農場で働くロバート・ボウズの家を訪ねた。ボウズはしばらくの間、病気で寝込んでいた。足の骨を折ったばかりのゴドレイは、ロバが引く荷車に乗っていくことにした。ロバを操るのは、執事のロバート・ギャラ

アンナ・ゴドレイがロバート・ボウズを見たのは、こんな湖だった。舟を漕いでいるように見えたが、肝心の舟はどこにもない。ちょうどその頃、ボウズは近くの自宅で息絶えていた。

ガーで、後ろからマッサージ師のミス・ゴールドスミスもついていった。ボウズの家に着くと、皆は窓越しに呼びかけ、話をした。ボウズは、ベッドの上に身を起こし、声もしっかりしていたが、しばらく医者に診てもらっていないから呼んでほしいとゴドレイに言う。一行は、湖沿いの道を通って屋敷に戻った。

「あのとき、執事が門を開けながら」、ゴドレイは思い出しながら言った。「『湖の上に男の人がいるのが見えますか』と聞いてきました。見ると、確かに、ひげを風になびかせたおじいさんが、湖を対岸に向かって渡っているのです。腕を動かし、竿《さお》で小舟でも操っているようでしたが、肝心の舟が見えません。私が『舟はどこ？』と聞くと、執事が『ないようですね』と答えました。『ありえないわ！　舟がなきゃ。その上に立っているはずなんだから』。しかし、やはりどこにも舟は見えず、おじいさんは暗い湖の上を、ただ、滑るように進んでいきました。マッサージ師にもその姿が見えていたようです。執事が、あれは誰だと思うかと私に聞くので、『絶対にロバート・ボウズよ』と答えました。ボウズの姿は湖の向こうに小さくなって、やがて葦《あし》や木々の中に消えていきました。そこまで見届けてから、私たちは屋敷に戻ったのです」

ゴドレイは、すぐに医者へ手紙を書き始めたが、その途中で、向こうのほうから訪ねてきた。医者は、ロバート・ボウズの家に行ってきたところだと言う。自動車に乗っていたため、湖沿いの小道ではなく別な道を使ったらしい。医者が家に入っていくと、ロバート・ボウズはほんの少し前に息を引き取ったばかりだった。

考察

これは「クライシス・アパリション（危機幻像）」のわかりやすい例といえる。「ロバートは、この世を発つ前に、長年働いて思い入れのある場所を、最後に一目見ておこうと思ったのかしら」と、ミス・ゴドレイは言った。この話で思い出すのが、ギリシャ神話だ。死んだ魂はカロンの漕ぐ小舟に乗ってレーテー川を渡り、あの世へ行くのである。

幻の自分

場　所○ララミー周辺（米国、ワイオミング州）
時　代○1947年春
報告者○ゴードン・バロウズ

ゴードン・バロウズは、後に石油産業の専門家として米国政府と世界銀行の顧問を務めた人物だが、1946年の秋に、それまでいた陸軍を除隊し、ララミーにあるワイオミング大学に入学している。これは、その翌年の春、バロウズが軍の払い下げで買ったジープを自宅へ取りにいき、ララミーへ戻る途中に体験した出来事である。

かれこれ、もう18時間は運転していた。ブリザードがやって来たときには、すっかり夜も更け、凍えるほど気温も低くなっていた。雪が深く、車を止められて、先には進まないほうがよいと忠告を受けるほどだった。しかし、バロウズはそのまま行くことにした。坂を登り切ると、道は深い渓谷へ入っていく。そのとき、向こうから男が一人、歩いてくるのが見えた。

車のライトに浮かび上がったその男は、自分にそっくりだった。身につけているジャケットさえ、バロウズが軍隊にいた頃に着ていたものと同じである。後にバロウズは、このときのことを回想している。「この偶然にしては奇妙な出来事が、そのときはなぜか自然なことに思えたのです」。ジープが近づくと、その男は、「ずいぶん疲れているようだな。運転を代わってほしいか?」と、聞いてきた。

バロウズは喜んで運転席を譲り、数分後にはぐっすりと寝入ってしまった。次に目が覚めたときには、エンジンは切ってあり、男はハンドルの前で静かに座っていた。険しいところは抜けていて、ララミーまでは平坦な道を64キロほども行けばよかった。もう少し乗っていくように勧めたが、男は車を降りた。そして、バロウズの感謝の言葉に、「どういたしまして」と一言だけ返すと、渓谷へ続く道を戻っていった。

あれはすべて夢を見ているようだったと、バロウズは言う。「おかしなことも、すべて当たり前のように感じる夢を」。しかし、あの渓谷の深い雪と寒さのなかでは、生身の人間は到底生きて戻れるはずはないのだった。

考察

バロウズは、命を助けてくれたのは自分の分身だったと思っている。これはとてもまれなケースで、テレパシック・プロジェクション(精神感応的な投射)の結果というだけでは到底説明がつかない。しかし、ほかに例がないわけでもなく、同じようなケースが1944年のオランダで報告されている。

ある修理工が、工場の加算機が壊れているので直してほしいと依頼を受けた。しかし調べてみ

COLUMN

レディ・パーマー
フランス、ドンレミの近く、ジャンヌ・ダルクに捧げられたボワ＝シュヌ大聖堂で、レディ・パーマーが1925年に撮影。帽子をかぶって中央に立っているのは友人のミス・タウンセンドだが、その左に白く浮かび上がる人影のようなものは、当時そこには存在していなかった。

「運転を代わってほしいか？」 吹雪の夜、突然現れた男は言った。自分を安全な場所まで運んでくれたその男を、ゴードン・バロウズは、自分の分身だったと考えている。

ると、その機械は修理工にとってなじみのないもので、百の位を正しく計算させることがどうしてもできなかった。ところがある夜、ふと目を覚ますと、ベッドサイドテーブルの上の機械に光が当たっていた。そして、その機械に顔を寄せている作業服姿の自分がいるのである。修理工が見つめる前で、その分身はペンチで小さな三角の部品を取り出し、新しいものに取り替えていた。翌朝、修理工は工場へ行き、昨夜見た通りにやってみた。すると、機械は正しく計算するようになったのだった。

このケースは夢の中の出来事と考えることもできる。実際に、眠りながら脳は問題を考え続け、そのまま答えに突き当たることもある。しかしバロウズの場合は、そう簡単には夢だと片づけら

れそうにない。この二つのケースにうまく説明をつけるには、時は未来へのみ流れるのではなく、すべての時が、無限の平行宇宙（パラレル・ワールド）に存在しているという理論を使うしかないのではないか。どういうわけか、別の時間枠で起きている出来事を体験してしまうという考え方だ。

第7章

動物や無生物の霊

死んでいるのにあの世へ行くことができない
人間の魂が幽霊だとすれば、
人間以外の生きものや、家、船、飛行機のような
命を持たないものの霊的な現象については、
どう考えればよいのか。

このような古い教会の墓地に、ブラックドッグは現れるという。悪魔から墓を守るため、墓地の北側にイヌを埋める風習があった。

ブラックドッグ

ブラックドッグは、英国で恐れられている邪悪な幻獣だが、ほかの国でも似たような話は残っている。実際、一番古いものはフランスで856年に起きたとされる出来事だ。小さな村でミサの最中に、教会の中が急に暗くなったかと思うと、燃えるような恐ろしい目をした黒い大きなイヌが突如現れ、人々を驚かせた。教会の扉は閉め切っていた。ブラックドッグは、誰かを探してでもいるかのように祭壇の周りや人々の間を走り回り、突然、また姿を消した。

英国ではブラックドッグを、目撃した本人や家族などが死ぬ前触れとして恐れている。出没するのは主に教会の墓地だが、教会の中で目撃されることもある。呼び名はさまざまで、ランカシャーではトラッシュ、またはストライカー。イーストアングリアではブラック・シャック。マン島では、モーザ・ドゥーグなど。また、リンカンシャーにあるアルガーカークとノーソープの教会ではどちらも、本物の黒いイヌを墓地で飼っている。これは、教会の墓地を新しく作る際に、黒いイヌをその土地の北側に埋めた風習から来ている。黒いイヌの魂が、悪魔の攻撃からその墓地を守ってくれると信じられていた。

英国サフォーク州ブライスバーグという町の教会でも、1577年のある日曜日の朝の礼拝中に騒動が起きた。通路に突然現れたブラックドッグが、参列していた人々に襲いかかり、三人を殺し、一人に大やけどを負わせたのである。ブラッグドッグはひとしきり暴れて消えていったが、出入り口の焼け焦げた跡は、今でもはっきりと残っている。そのすぐあとの8月4日、近くのバンゲイという町にもブラックドッグは現れた。当時の刊行物には「夜更けのバンゲイ教区教会で、奇妙で恐ろしいイヌの怪物が暴れ回った。怪物が現れたとき、天気は一変した。空は荒れ狂い、稲妻が走り雷鳴がとどろきわたった」とある。怪物は「見るからにぞっとする姿だった」。文に添えられた木版画には大きな黒いイヌの姿が描かれている。

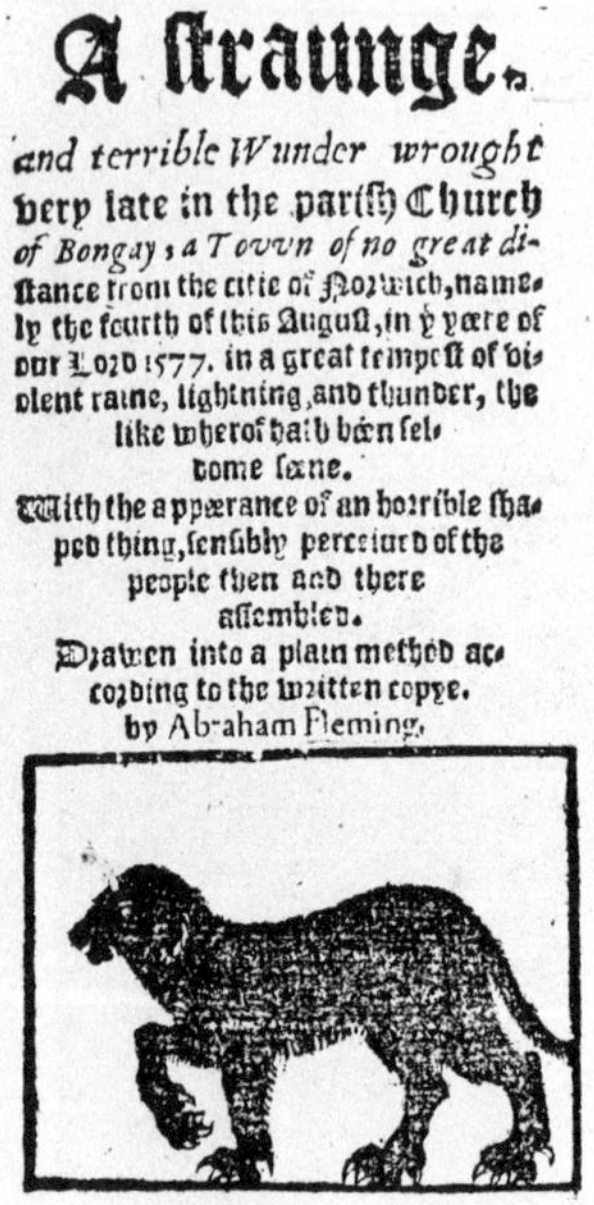
A straunge.
and terrible Wunder wrought
very late in the parish Church
of Bongay, a Tovvn of no great di-
stance from the citie of Norwich, name-
ly the fourth of this August, in ẏ yeere of
our Lord 1577. in a great tempest of vi-
olent raine, lightning, and thunder, the
like wherof hath been sel-
dome seene.
With the appearance of an horrible sha-
ped thing, sensibly perceived of the
people then and there
assembled.
Drawen into a plain method ac-
cording to the written copye.
by Abraham Fleming.

1577年にサフォークのバンゲイ教区教会に現れたブラックドッグの「驚異」を報告するパンフレット

　それから4世紀近くも過ぎた1938年の夏の夕暮れに、バンゲイから数キロのサフォークとノーフォークの境に現れた黒いイヌも、この怪物だったのだろうか。男性が、土手に挟まれた細い道を散歩していると、大きな黒いイヌがやって来た。見るからに凶暴そうなイヌだったため、男性はいったん脇へよけた。ところが、目の前を通り過ぎたと思った瞬間、イヌの姿がこつぜんと消えた。それは信じられないほど大きな体で、毛足は長く、眼は赤く燃えていたという。

　このような古い道や緑に囲まれた小道にも、ブラックドッグは好んで現れるようだ。英国デボン州アップライムの小道には、その名も「ザ・ブラックドッグ」という、いわくありげな宿がある。実際、デボンにはたくさんのブラックドッグが出没しているのである。例えば、コプルストンとグレートトリ

ヨークシャーには、飼い主が殺された場所を守り続ける白い牧羊犬の亡霊の伝説がある。やはりこのイヌも、水路に渡された橋の上で目撃されている。

ントンの間の古い街道でもたびたび目撃されている し、オークハンプトン城ではブラックハウンドが出る。そして、そこから遠くないストウフォードのヘイン・マナーハウスでも目撃されている。

先史時代の遺跡には、その地を守るブラックドッグがいる。ウィルトシャー州にあるストーンヘンジ遺跡のそばのドッグヒル・バロウには番犬のようなブラックドッグが、またハートフォードシャー州スティーブニッジの近くにあるシックスヒルズでは何頭ものブラックドッグが現れたという。ウェールズのペンブルックシャー州コット・ムーアにあるデビルズ・ナグズと呼ばれる直立した石の周りや、アングルシー島アムルフ近郊にある環状列石の辺りでも、ブラックドックがまるで守護霊のように現れるのが目撃されている。

スコットランドのクレイグニッシュにはカイスティール・ア・コイン・ダブ（黒いイヌの城）遺跡があり、ナップデールにはダン・ア・コイン・ダブ（黒いイヌの要塞）遺跡がある。どちらの名前からも、そう呼ばれるようになった理由が透けて見えるようだ。

奇妙な話が、オーガスタス・ハレの自叙伝『孤独な生活のなかで（In my solitary life）』で語られている。19世紀中頃、ノーフォークのブリックリング・ホールに住むロージアン夫妻が、家の間仕切りの壁をなくそうと考えた。ところが、村の老女が牧師にこう言った。そんなことをすれば必ず災いが起こる。「イヌのたたりだ。Aが湖で巨大な魚を釣ったことがあっただろう。丘にあがったその魚の口から、大きな黒いイヌが出てきたのを知らないのか？　イヌは、あの家の中で、同じ場所をグルグルと走り回り、どうやっても追い出すことができない。そこで、ロンドンから賢者を呼んできたのだ。賢者は、イヌの描く円を封じ込めるように真っすぐな仕切り線を置くことで、イヌをおとなしくさせた。あの若い夫婦がその仕切り壁を取り壊したら、たちまちイヌは解き放たれてしまう。そうなったらロンドン中を探しても、同じことをできる賢者は、もう見つからないだろうよ」

ブラックドッグは、今の時代にも現れている。１９７２年の冬のある夜、ダートムーアの南側にぽつんと建つ農家での出来事である。夫婦は寝入っていたが、寝室のドアをガリガリとひっかく音で目が覚めた。夫が火かき棒を手に、ドアを開けた。「階段を上がったところに大きな影がありました。イヌだとわかったので、追い出してやろうとしましたが、突然こちらに向かってきたのです。そのときに見た、赤く燃えさかる眼の威力といったら。私はぎょっとして、とにかく打ちのめしてやろうと襲いかかりました」

夫が火かき棒を振り回した瞬間、目のくらむような光が差し、ガラスの砕け散る音とともにブラックドッグは消えた。家の照明は壊れ、窓もすべて割れて、庭には屋根の瓦が散乱していた。朝になって外を調べてみると、納屋や離れの屋根もひどく壊れていた。

その力を甘く見たために、もっとひどい災いが降りかかった者もいる。1893年、二人の御者がノーフォークの小道で馬車を走らせていたが、道の真ん中に黒いイヌが突然現れたため、たづなを引いた。それがブラックドックであることに気づいた乗客が止めるのも聞かず、御者は馬にむちを当て、再び進んでいった。馬車がブラックドッグの体に触れた途端、その目が怒りに燃え、ブラックドッグは炎の中に消えていった。数日後に、その御者は死んだという。

1927年には、マン島の作家ウォルター・ギルの友人が、ラムジーという町の近くの道で、ブラックドッグに出くわしている。石炭が燃えているような赤い眼でにらみつけ、通してくれそうにない。しばらくして、ブラックドッグはやっと脇へよけたが、2〜3日もたたないうちに、その友人の父親が亡くなったそうである。

考察

ブラックドッグの話は、ごく自然な現象と片づけることもできる。体が大きくて凶暴なイヌを田舎で見ることはよくあり、それが狭い穴に出入りすれば、突然現れたり消えたりしたように見える。また、何百年も昔から同じイヌが目撃されていることが多いのは、そこで子を産み、何世代にもわたって住みついているからだとすれば説明がつく。そして重要な役割を果たしているのが、激しい雷雨になるなどの急な天候の変化である。不穏な空模様を見ると、人は超常現象が起こるのではないかと期待しがちだからだ。

もう一つ、考えておかなければならないのは、ブラックドッグと大昔の遺跡との関連性である。遺跡には古代の道や古墳だけでなく、古い歴史を持つ教会なども含まれる。昔の教会は、「異教の」

礼拝所に建てられることが多かった。古い埋葬地と邪悪なものが結びつけられやすいことはこれまで見てきた通りであり、ブラックドッグは、何千年も前にその地を守るために埋められたイヌの霊であるとする見方もある。

また、古い水路とのつながりも深いと考えられている。英国サフォーク州では、境界を流れる小川の岸にブラックドッグを見たとの報告が多く、サマセット州バトリーヒルのそばの一本道でもブラックドッグの消える場所がいつも決まっていて、それが橋のたもとであるといわれている。アイルランドのメイヨー県ポントゥーンにある二つの湖の間の橋の辺りでも、やはり同じような現象が見られている。

この説については、イーストアングリアでブラック・シャックの研究をしているアイバン・バンが検証している。バンによると、62件の報告のうち15件は川に近い場所で、31件が海岸の近くで目撃されたものだったという。また、『見知らぬ生きもの（Alien Animals）』（１９８０年）という本の著者であるジャネット・ボードとコリン・ボードは、１５０件以上の目撃証言から、ブラックドッグの出現は地上の水辺だけではなく地下の水路とも関係があるとしている。また、古代遺跡が一列に並んでいるとされるレイラインとも、なんらかの関わりがあるという。

１９９０年代中頃、デボンの、特にダートムーアの辺りでの噂が意外な方向へ転がっていった。原野で草を食べている羊たちを襲う「ブラック・ピューマ」を見たという報告が相次いだため、ついに政府も調査に乗り出さざるを得なくなった。それはどんなイヌより大きく凶暴であり、何度も目撃されているのだと農夫たちは訴えた。１９９５年、政府はそのような危険な野獣がうろついている形跡はどこにもないと発表したが、人々は納得していない。彼らが見たのは本当に、

COLUMN

馬の霊、バヤール

人の乗っていない馬の霊というのは珍しい。有名なのは、叙事詩『エイモン公の四人の子ら』に登場するルノーの自慢の馬、バヤールだろう。ルノーは8世紀に皇帝シャルルマーニュの騎士として活躍したが、やがて無法者とされ、7年間、フランスのモントーバン城で包囲された。ようやく和解が成立したとき、バヤールは石臼を首にかけられ、ムース川に投げ込まれた。しかし、バヤールは逃れ、その亡霊が今でもアルデンヌの森を駆け回っているという。もし知らずにそこへ家を建てたら真夜中にバヤールが現れ、寝ている者を怖がらせるかもしれない。

何百年も昔からダートムーアで伝えられてきた、赤く燃える眼をしたブラックドッグだったのだろうか。

ロンドン塔で

場　所○ロンドン塔
時　代○1817年10月
報告者○エドモンド・レンサル・スウィフト

何百年にもわたって殺人や処刑の舞台となってきたロンドン塔は、当然、幽霊の数も多いと信じられている。特にヘンリー8世の2番目の妃で、この塔で首をはねられているアン・ブーリンなどは、その首を脇に抱えて現れるという噂である。

1817年、ジュエルハウスの番兵の一人が、巨大なクマの霊のようなものに気づいた。銃剣で追い払おうとしたが、急に引きつけを起こし、数日で亡くなった。

しかし、かなり風変わりな霊も出現していて、そのことは、戴冠用宝玉の管理者だったエドモンド・スウィフトが1860年に『ノーツ・アンド・クエリーズ』に寄稿している。「1817年10月のある土曜日、かなり遅い時刻でしたが、ジュエルハウスの居間で、私は妻と息子、それから妻の妹と一緒に夕食を取っていました。扉はすべて閉まっていて、窓にも暗くて厚いカーテンが引かれていました。部屋の明かりは、テーブルの上の2本のローソクのみ。私の勧めたワインに、妻が口をつけたそのときでした。妻が『見て！　あれは何？』と叫んだのです。見上げると、ちょうど私の腕ほどの筒の形をしたガラスのようなものが、テーブルと天井の間に浮いていました。中には、夏の雲のような白と薄い青の濃い液体が入っているように見え、それが絶えず流動しているようでした。そして2分ほどそこにいたあと、ゆっくりと妻の妹のほうへ動いていきました。長いテーブルを伝うようにして私と息子の前を通り、妻の後ろに回って、彼女の右肩の上方で止まりました。（妻の前に鏡はなく、彼女はそれを見ることができません。）

すると、妻がしゃがみ込んで両手で右肩を覆い、『助けて！　つかまれたわ！』と叫んだのです。今、筆を走らせている間も、あのときの恐怖がまざまざと思い出されます。私は椅子を使って追い払おうとしましたが、後ろの壁をたたきつけただけでした。それから、階段を駆け上がって子ども部屋へ行き、何事かとおびえる子守に一部始終を話しました。信じられないのは、義妹と息子は、何も見なかったと言っていることです」

次の朝、礼拝が済んでから、スウィフトは牧師にゆうべの出来事について相談している。しかし簡単には解明できないと思い、「科学者の友人を呼ぶことにしました。彼は、居間を詳しく調べて原因を突き止めようとしました。ですが、どうしても謎を解くことはできなかったのです」

SOUTH-EAST VIEW OF THE JEWEL TOWER.

ロンドン塔に古くからあるジュエルハウス。宝石を管理していたエドモンド・スウィフトが「天井とテーブルの間に浮かぶ円柱形のもの」を見ている。

考察

同じ部屋にいた四人のうち二人に見えていなかったという事実がなければ、この話は、球電（帯電した発光体が浮遊する、まだ解明されていない不思議な現象）として片づけられていただろう。窓はすべて厚いカーテンで覆われていたとスウィフトが証言しているため、ほかの建物から鏡を使って光を反射させていたという可能性は考えにくい。

スウィフトは、その後まもなく、似たような性質の事件も報告している。夜中、ジュエルハウスの衛兵の一人が、宝玉室の扉の下から、「巨大なクマのような」姿をした何かが出てきたことに気づいた。「彼は、銃剣でひと突きにしようとしたが、私が椅子で壁にくぼみを作ったように、銃剣が扉に刺さっただけだった。彼は発作を起こして倒れ、詰所へ運ばれていった」

その場にいた別の衛兵もすぐに気づいて警戒していたと言い、スウィフトはその衛兵から一部始終を聞いたのだった。しかし、「いち早く危機に気づいて命をかけた、勇敢で真面目な兵士に死の影が忍び寄り、1～2日のうちに息を引き取った」

これが、スウィフトの目撃したものと同じといえるのかは、はっきりしない。ただ、人は超常現象を前にすると、自分の頭に浮かんだイメージを、それに反映させてしまうことがある。カーテンを閉め切った部屋で夕食を取っていたスウィフトは、一節の光であろうとも侵入できるはずがないということが頭にあった。衛兵は、ロンドン塔で昔、王室の動物が飼育されていたことを知っていたはずだ。そのなかにはもちろんクマも含まれていたのである。

幽霊船フライング・ダッチマン

場　所○喜望峰の沖（アフリカ）
時　代○１９２３年1月27日
目撃者○四等航海士、N・K・ストーン

客船バラブール号が南アフリカのケープタウンからロンドンへ向けて出航したのは、１９２３年1月26日だった。夜中の0時、操舵長と見習い航海士がブリッジに入り、見張りを引き継いだ。二等航海士が、そのすぐあとの出来事を次のように記録している。「銀色の全装帆船をこの目ではっきりと見ました。帆が1枚も張られてないばかりか、帆桁《ほげた》はむき出しの状態です。人の乗っていない廃船だと考えるしかありませんでした。とても信じられませんが、こつぜんと姿を消したのですから」。また、ストーン四等航海士もこの出来事を報告している。

「午前0時15分頃、左舷前方に怪しい『光』を目撃しました。その日は雲が低く、月のない暗い夜でした。双眼鏡や望遠鏡でよく見ると、それはどうやら帆船で、船体だけでなく2本のマストや裸の帆桁も明るく発光していることがわかりました。帆は張られていませんが、マストの間に光るもやが立ち込めていました。航行灯もなく、船はこちらに負けないスピードで、どんどん近づいてきます。4〜5キロ離れていたその船が、見る間に８００メートルほどまでに迫ってくると、突然、消えたのです。この光景を目撃していたのは二等航海士と見習い、操舵長に私の四人。私は、二等航海士が驚いて叫んだ言葉を一生忘れることはないでしょう。『大変だぞ、ストーン。幽霊船だ』」

ストーンは船のスケッチも残している。「それを見て、私たちがあの夜に見たのは、幽霊船のフライング・ダッチマンだったのではないかと言う人が多いのです」

これよりも古い幽霊船の話は、『英国海軍船艦バッカンテの航海』という、ジョージ英国皇太子（後のジョージ5世）と兄のクラレンス公が1881年に行った航海の記録に残っている。インコンスタント号でのある夜のことが、皇太子の日誌で次のように書かれている。

「1881年6月11日午前4時、フライング・ダッチマン号が我々の前方を横切った。いかにも幽霊船といった奇妙な赤い光が、200メートルほど離れたその船の2本のマストや帆桁をくっきりと浮かび上がらせていた。左舷前方に近づいたと船首甲板の見張り番が報告する。それはブリッジの当直の士官にも船尾の士官候補生にもわかっていた。士官候補生はすぐに船首へ走ったが、着いたときには近くはもちろん水平線のかなたまで目をやっても幽霊船はどこにもいなかった。その夜の空は澄みわたり、海は穏やかだった。

その船を13人が目撃している。しかし、それが本当にフライング・ダッチマン号だったのかは不明のままだ。本艦の右舷前方にいたトルマリン号とクレオパトラ号から、閃光信号で、奇妙な赤い光を見たかという質問が送られてきた」

インコンスタント号の乗組員のうち幽霊船を見たのは13人で、同行していた船も合わせると、目撃者はさらに多くなる。

考察

フライング・ダッチマン号の伝説は、もちろん船員たちにはよく知られた話だった。話の主人公は、17世紀の大胆不敵な船乗りとして有名なベルナルド・フォッケという人物だ。船のマスト

COLUMN

骨の馬車

この骨の馬車は、映画の創成期に、ジョルジュ・メリエスが自ら監督した映画『悪魔の悪戯』のなかで走らせたもの。この骨の馬車の基になっているのは、ダートムーアの北にあるオークハンプトンに伝わる伝説だ。ハワード夫人の乗るその馬車は、彼女が殺した四人の元夫の骨で作られている。骨の猟犬の先導で、毎晩オークハンプトン城の庭に行っては、葉っぱを1枚取ってこなくてはならない。庭のすべての葉が摘み取られてしまうまで繰り返さなくてはならず、そして、すべての葉が摘み取られたとき、世界は終わりを迎えるのだという。

喜望峰の沖合をさまよう幽霊船フライング・ダッチマン号（左上）。船長はおそらくベルナルト・フォッケで、向こう見ずな彼は悪魔と契約を交わしたせいで、永遠に航海を続ける運命にある。

を鉄で強化すると、オランダから東インド諸島まで驚くようなスピードで航海できるようになった。しかしそれは、悪魔と契約を交わしたからできたことではないかとささやかれるようになり、彼が船とともに消えてしまうと、噂はさらに広まった。

1821年、バラクータ号を含めた英国海軍の小さな船団が、アラビアとアフリカ沿岸の探検と調査のために出港した。セバーン号を指揮するオーウェン船長は、喜望峰の沖で強い向かい風に遭い、一団は離れればなれで航海していたと報告している。

「4月6日の夕方、ポート・デインジャー沖で、バラクータ号は風下3キロほどの位置に現れた。あまりに早く本艦のあとについてきたので、初めのうちは別の船だと考えていた。しかし、艤装《ぎそう》やそのほかの状況から、やはりバラクータ号としか考えられなかった。しばらく距離を保っていたバラクータ号が、一向に合流しようとせず、むしろ離れていくことに、我々は驚いた。夜には、船の光や位置を示すものは一切見られなかった。次の朝、我々はサイモンズ・ベイにいかりを降ろし、丸一週間、不安な気持ちで彼らの到着を待った。しかし、あとでわかったことだが、バラクータ号は我々より480キロも北にいたのである。同じクラスの他の船はケープ半島の周りでは目撃されていなかった」

同年の『ブラックウッド』誌に作者不詳で発表された幽霊船の話は、この話が基になっているようだ。数年後に人気を博した劇『ザ・フライング・ダッチマン』も、この話をテーマにしている。さらにオーギュスト・ジャルが、それに手を加えて『海上での日々』（1832年）という本を出版、1834年にはドイツの詩人ハインリヒ・ハイネが題材にし、1839年にはキャプテン・マリヤットが『幽霊船』という小説を書いている。そして、これらに着想を得て、ワーグナーが作曲したオペラ作品が『さまよえるオランダ人』（1843年）だ。

忘れてはならないのが、1923年の時点では、オーストラリアとヨーロッパの間の航海に、まだたくさんの帆船が使われていたということだ。そして、船乗りならよく知っているであろうセントエルモの火。嵐の夜などに、静電気がマストの先端で青白い光を発する現象だ。バラブール号の船員たちが見たものは、航行灯をつけずに移動していた本物の船であり、急に「消えた」ように見えたのは、マストや帆からのコロナ放電が終わったためだったとも考えられる。とはいえ、それだけでは、セバーン号船長の見たものを説明することはできず、また、フライング・ダッチマン号の伝説がこれほど長く語り継がれることもなかっただろう。

キラキー邸のネコ

場　所○キラキー・アートセンター（アイルランド、ダブリン・マウンテン）
時　代○1968～1970年
報告者○マーガレット・オブライエン

アイルランドの首都ダブリンに程近い山中にあるキラキー邸は、1968年の初めにマーガレット・オブライエン夫人が芸術家のためのアートセンターにしようと買い取ったときには、すでに長いこと放置され荒れ果てた状態だった。オブライエン夫人と夫が引っ越してきたとき、「キルベガンから呼んだ作業員が家の修復作業をしていたのです。彼らはそこに寝泊まりをしていたのですが、夜中におかしなことが起こり、悩まされていると聞かされました。奇妙な音が聞こえてきたり、閉めたはずのドアがひとりでに開いていたりしたというのです。そして、彼らが最も恐れていたのは、巨大な黒いネコでした」

画家のトム・マッカーシーが言うには、ある日の夕方、彼が二人の仲間と作業をしていると、室温が急に下がるのを感じた。部屋のドアは、しばらく前に閉めていたはずだ。だが、見ると、勝手に開いている。

マッカーシーは、その開いたドアの隙間に黒い影を見た。「最初は、誰かのいたずらだと思いました。それで、『入ってこいよ。見えてるぞ』と言うと、しわがれた、低いうなり声が響いてきたのです。私たちは恐ろしくなって慌てて奥へ逃げ出しました。そのとき、絶対にドアを閉めたはずなのに、後ろを振り返ると、今度も開いているではありませんか。そして目を疑うほど大きな黒ネコが薄明かりの中にうずくまって、赤の混じった琥珀《こはく》色の眼をこちらに向けていました。それを見て、私の足はその場から動かなくなってしまったのです」

「初めは、何をばかなことを言っているのだと、相手にしていませんでした」と、夫人は言っている。「人里離れた空き家に集まった田舎者が、夜中にほらを吹き合って怖がっているのだろうと。でも、私もこの目でそれを見てからは、彼らの気持ちがわかるようになったのです」

夫人が見たネコのような霊は、「大きなイヌほどもあり」、玄関ホールの敷石の上に座っていた。ネコが現れる前、家の扉にはすべて鍵がかけられており、消えたあとも、やはりかかっていた。

ネコの霊を目撃したショックと、勝手に開閉するドアや、不思議な物音に対する不安から、夫人はこの家の悪魔払いをさせた。その後、1年間は何事もなく過ぎたようだったが、1969年の秋に、アートセンターに滞在していた俳優たちが、面白がって降霊会を開いた。「それからまた、物音が聞こえるようになったのです。それだけでなく、絵は破られ、陶磁器は粉々になり、瓶なども割られて、鍵の音が不気味に響いてくるようになりました」

１９７０年の初め、夫人はギャラリーを歩く二人の修道女の霊を見た。噂を聞いたアイルランドの放送局が霊媒師に調べさせると、18世紀に「ヘルファイアクラブ」というグループが近くのモンペリエの丘で黒ミサを行っており、二人は、それを手伝っていた女性たちだということがわかった。その年の7月、オブライエン夫人は、再び悪魔払いをさせている。その後は、「夜中にドスンドスンという音がする」以外は、静かになったという。

考察

この騒動の裏には、ヘルファイアクラブという秘密結社にまつわる数々の噂がある。その一つがクラブの不良たちが面白半分に小人症の少年に暴力を振るい、首を絞めて殺し、死体も埋めてしまったというもの。オブライエン夫人は、少年が殺されたとされる部屋の敷石の下から、白い大理石の洗礼盤とパックという妖精の像を見つけている。重要なのは、１９６８年前半の修復工事の間に、庭の墓が掘り返され、中から大きな頭蓋骨とそれに見合わない小さな体の骨が出てきているということだ。黒ネコの亡霊が現れ始めたのが、この時期と重なっている。

この邸宅には、まだほかにもいわくがある。19世紀の後半には、黄金の夜明け団という魔術結社に入っていた詩人のＷ・Ｂ・イェイツが所有し、団員を集めて魔術儀式を行っていた。その後は、１９１６年のイースター蜂起で頭角を現したマルキエビッチ伯爵夫人が所有している。１９２０年代には、伯爵夫人の計らいでＩＲＡ（アイルランド共和軍）のメンバーがかくまわれたが、そのなかの一人が銃撃され、ここで死亡している。

　しかし残念ながらこれらの話に黒ネコは出てこない。強いて言えば、前述のブラックドッグの霊と同じように、黒ネコが墓を守る役割を担っていると考えられないこともない。不幸な少年の骨が掘り返されたことで、霊的な力が解き放たれ、さまざまな現象を起こしていたのかもしれない。そして、緩やかに力が消えていくにつれて現象も起こらなくなっていったということか。

第8章

いたずら好きな精霊

ポルターガイストといえば、思春期の少女が注目を集めたり、
誰かに復讐したりするために起こすものと考えられがちである。
しかし彼女たちではない別の存在がいるようにしか
見えないケースも多い。

ビクトリア朝後期の家庭を襲うポルターガイスト。寝ている子どもに鍋や火ばさみなどが投げつけられ、家族や召使いたちが慌てている。

ポルターガイストという言葉は、「夜中にドタンバタンと音を立てる」ような「騒がしい霊」という意味のドイツ語だ。この言葉が使われ出したのは、19世紀の後半に心霊研究が盛んに行われるようになってからだが、現象自体は何百年も昔からたびたび報告されていた。

ひと口にポルターガイストといっても、さまざまな事象が含まれる。家の中の物が勝手に動いたり、石や泥が雨のように降ってきたり、閉め切っているのにもかかわらず部屋から部屋へ物が移動したりする。そして、トントン、ドタンバタン、キーキーといった物音、口笛や話し声をまねたような音なども聞こえてくる。

ところが、人を驚かせはしても、わりに無害だった出来事が、だんだんエスカレートして深刻な事態になることがある。スティグマ（出血班）をつけるなどの肉体的な攻撃に発展したり、火事が起きたりする。研究者たちは、そのようなポルターガイストには、必ずといってよいほど共通した要因があることに注目してきた。思春期の少女や、初潮を迎える頃の少女が、いつも騒動の中心にいるのだ。

ル・マンを訪れた者

場　所○ル・マン（フランス）
時　代○1135年
被害者○首席司祭ニコラス、妻のアミカ

1135年のある日、ル・マンの主席司祭であるニコラスと隣人たちはひどい目にあった。「屋根も壁も天井も揺れるほど、巨大な石を壁に強くたたきつけてでもいるような大きな恐ろしい音が響いた」。

1135年、フランスのル・マンにあるニコラスの家で不可解な音が響くようになったため、司祭たちが聖水を家の周りにまいた。多くの宗教で、聖水には、悪霊を撃退する力があると信じられている。

騒ぎはそれだけでは収まらなかった。見えない手が皿の場所を変える、「暖炉から離れている」ろうそくに火がつく、テーブルの上の料理に、ぬかや灰、すすなどが入れられて食べられなくなる。ニコラスの妻のアミカは、布を織るための糸を巻いていたが、「いったいどうしたらこれほどひどい状態にできるのかと感心するほど、糸は絡まりこんがらがっていた」

司祭たちが呼ばれ、家の周りに聖水をまいた。すると、次の日の夜、声が聞こえてきた。「心の底から吐き出したような深いため息をつき、悲しげな少女の声で、途切れ途切れに、自分はガルニエだと名乗った。そして、ニコラスに向かって、『ああ！　どこから私は来たのだろう。遠い国から、たくさんの嵐や困難を切り抜けて、雪や寒さや炎、すさまじい悪天候にも負けずに、ここへやって来た！　私は、誰かを傷つける力を授かっていない。あなたたちは、悪霊たちに立ち向かうため、十字を切りなさい。悪霊たちは、あなたたちに悪事を働くためだけにここにいるのです。聖霊のためにミサを行いなさい。それから死者のためにもミサを。そして、あなた、義理の姉よ、私の代わりに貧しい者たちへ着るもの

COLUMN

pparitions. On ne peut
bien préciser ce que c'est
parition. Dom Calmet dit

voit quelqu'un en songe,

地獄の軍団
中世には、ポルターガイスト現象とは悪魔が家の中で暴れているものと考えられていた。コラン・ド・プランシーの著作『地獄の辞典』の挿絵にも現れている。

を』」

そこにいた人々が、さまざまに質問を投げかけると、「それは丁寧に答えていた。しかし、ル・マン大司教から送られてきた識者たちとの議論や話し合いには応じようとしなかった。そのせいで、この霊には疑いの目が向けられた」

考察

この典型的なポルターガイストの話は、オーギュスタン・カルメが『幽霊の世界』で、彼の時代より600年も前に起きた出来事として書いたものだ。そのソースについても、どういう結末を迎えたのかについても明らかにされていないが、「この霊に疑いの目」が向けられたことはもっともである。最近では、19世紀の米国テネシー州で起きた「ベル家の魔女」事件のように、たとえ声が聞こえてきたとしても、数語以上話すことはめったにないことがわかっている。このケースのように延々と語りかけてくるなどということは、まずない。あるとすれば、その場にいた女性、この場合はニコラスの妻のアミカが、霊媒として話しているのだろう。おそらく、アミカの言葉を読みやすく書き直したのではないか。

司祭たちがやって来る前のポルターガイストは、この声の主が起こしたものではなさそうだ。声の主が「悪霊たち」に対する警告を与えるためにやって来たと言っている。だとしても、通例、そのような現象が起きるときに「焦点（フォーカス）」として中心にいるはずの思春期の少女が、この家にもいたかどうかはわからない。しかしそこに書かれていなくても、ニコラスとアミカの間に子どもがいた可能性は十分にある。

ストックウェルのポルターガイスト

場　所○ストックウェル（イングランド、ロンドン南部）
時　代○1772年1月6〜7日
被害者・目撃者○メアリー・ゴールディング（家の所有者）、アン・ロビンソン（メイド）、メアリー・ペイン（めい）、ジョン・ペイン（めいの夫）、メアリー・マーティン（ペイン家の使用人）、リチャード&サラ・ファウラー（隣人夫婦）

その頃、ランベス・ロンドン自治区のストックウェルは、まだそこここに農地が広がる田舎町で、ジョン・ペインの農場もそのなかにあった。1月6日午前10時、居間にいたメアリー・ゴールディング夫人は、台所から響いてくるコップや皿の割れる音を聞いた。メイドのアン・ロビンソンに呼ばれて行ってみると、まさに皿が次々と棚から落ちているところだった。それとほぼ同時に、家中の物が一斉に落ち始めた。時計、ソルトビーフの鍋、らせん階段のランプ。その騒音とゴールディング夫人の悲鳴を聞きつけ、近所の人々が駆けつけた。そのなかの一人、大工のラウレッジは、原因はわかっていると自信ありげだった。家の土台がぐらついているというのである。

ゴールディング夫人は近所のグレシャム氏の家に避難させてもらったが、そこで気を失ってしまった。夫人の荷物はラウレッジやほかの人がグレシャムの家に運び込んだ。驚いたのは、メイドのアンがあまりにも冷静でいることだった。アンは目の前で起こったことにまったく動じていなかったが、周りに言われて、夫人と一緒に避難することにした。ゴールディング夫人が死にそうだと聞いて、めいのメアリー・ペインが飛んで来た。医者も呼ばれてやって来た。

夫人が正気を取り戻したので、医者は瀉血《しゃけつ》を施すことにした。血を抜き、あとで調べるためにボウルにためておく。ところが、血は凝固する間もなくボウルから床に飛び出し、ボウルとその隣のラム酒の瓶が粉々に砕け散った。

夫人宅からグレシャムの家に運び込んだもののなかに、大きな鏡があった。ひとまず食器棚の下に置かれたが、すぐに棚からコップや皿が次々に転がり落ち、無残に割れた。そのあとみんなで、一息ついてワインかラム酒でも飲みましょうということになったが、栓を抜く前にどちらの瓶も割れてしまった。

すっかり取り乱したゴールディング夫人を、ペイン夫人が自分の家へ連れていった。そして食事をしている間に、メイドのアンをゴールディング夫人宅へ様子を見に行かせたが、アンがいないうちは、何も起こらず、静かなのである。ところが夕方、アンが帰ってくると、皿が棚から落ち始めた。ころころと床を転がってパタリと倒れたかと思うと、急に裏返しにひっくり返る。棚に戻されてもすぐに飛び出し、今度はその奥の皿まで落ち出す。隣の棚の上に置いてあった卵は、部屋の向こうまで飛んで、ネコの頭にぶつかって割れた。

すり鉢とすりこぎ棒も暖炉の棚から床に落ち、真ちゅうのろうそく立ても、後を追った。困ったペイン夫人は、食器類をすべて床の上に並べておくことにした。しかしそれも無駄なことだった。皿はカチャカチャと跳ね回り、結局は割れてしまうのだ。ティーポットは部屋の外まで飛んでアンの足に当たり、ティーカップは「ベルのような音を立てながら」ドレッサーめがけて飛んでいった。

1792年のストックウェルの広場。ポルターガイストを起こしていた疑いのあるアン・ロビンソンは、あとになって、騒ぎはすべて自分が仕組んだことだと主張した。テレキネティック（念動力）を隠すために、そう証言していたのか。

その間ずっと、アンはすました顔で歩き回り、じっと座っているということがなかった。それどころか夫人に向かって、これくらいのことはどの家でも起こりえることだから心配しなくてよいとまで言う。夜の10時頃、近所に住むリチャード・ファウラーにこの現象を見にきてもらった。リチャードがいる間は家族もいくらか安心していられたが、彼はひどく怖がって、こんな恐ろしいところにはとてもいられないと3時間ほどいただけで帰ってしまった。

夫人も明け方には、この家にはいられないと言いだし、リチャードの家へ移っていった。確かにその頃には、テーブルが飛び、椅子が投げられ、「筆舌に尽くせないほどのありさま」だったのである。アンはまず、納屋へ行き、子どもたちの身支度を手伝った。家が崩れ落ちることを恐れて、避難させていたのだ。しかし、アンたちが到着すると、リチャードの家でもやはり怪現象が始まった。ろうそく立てが飛び交い、ランプは落下し、カゴに入っていた石炭が部屋中にばらまかれた。これを見たリチャードは夫人に、頼むから出て行ってほしいと懇願し、こんな罰を受けるほど、いったいどんなひどい罪を犯したのですかと聞いた。

夫人は努めて冷静に、こう言った。「自分にやましいところは一つもありません。わかりました。どの場所でも神様のお望みのようになることを待てるのだから、自分の家でもきっと待てるでしょう」。そしてめいめいの夫のジョン・ペインに付き添われ、夫人とアンは帰っていった。家に入った途端、地下室のビールだるは逆さになり、バケツの水はボコボコと湧きあがり、居間のテーブルはひっくり返った。

アンは、ペイン夫人を連れてくるために使いに出された。案の定、家の中は静まり返っている。ゴールディング夫人とペインはこれまでのことについてじっくりと話し合った。どう考えても、アンがすべての原因に違いなかった。そして、アンは辞めさせられ、家を出ていくことになった。それからは、不思議なことは一つも起こっていない。

ゴールディング夫人の家の床に散らばっていたコップや皿の破片は、大きな袋に三つ。ペイン夫人の家でも、2袋になった。一連の出来事は数週間のうちに、ロンドン市によって小冊子にまとめられている。

考察

アン・ロビンソンがゴールディング夫人にメイドとして雇われていたのはたった10日間で、当時は20歳になるかならないかくらいの年齢だったという。やはり、ほかのポルターガイストの例に漏れず、この騒動でも焦点（フォーカス）は若い女性だった。

COLUMN

超常の力
1985年5月に、チェスター近郊のドッドルストンで起きたポルターガイストの被害。大きな家具はすべて壁際に放り投げられており、小さな物もばらまかれている。

このケースは50年後に出版された、ウィリアム・ホーンの『英国歳事暦』（1826年）のなかでも考察されている。ブレイドリーという男性が、事件の数年後に、アン・ロビンソンと話をしたらしい。アンは、食器や家の中のものを馬の毛や針金で思うように動かし、あの現象を作り出したと言い張っていたそうだ。「彼女は、仕掛けがうまくいって、夫人のうろたえぶりを目の当たりにしたとき、ほんの気晴らしのつもりでやったはずが、もっとすごい仕掛けを成功させてみたいと思うようになってしまった」と、ホーンは書いている。「自分が仕組んだことに対しての周りの驚きぶりに味を占め、次から次へと続けてしまった。素早く巧みに動いて、素朴な老人たちを腰が抜けるほど驚かせた」

しかし残っている記録が本当だとすれば、ブレイドリーの説をうのみにする気にはとてもなれない。アン自身が、目の前で起こったことにうろたえ、困り果て、しかしどういうわけか自分が原因らしいとは感じていたため、これは物理的な手段を使ってやったものだと自分に言い聞かせてしまったのではないか。コントロールできないほどの超自然的な力が自分にあると考えるよりは、そのほうが気も楽だろう。

ロチェスターのラップ音

場　所○ハイズビル、ロチェスター（米国、ニューヨーク州）
時　代○1847～1848年
報告者○ジョン&マーガレット・フォックス夫妻、娘のマーガレッタ（14歳）、ケイト（キャシー）（12歳）

1847年12月、米国ニューヨーク州ハイズビル村にある2階建ての質素な小屋に、フォックス一家が越してきた。家の壁をコンコンとたたくような音が聞こえてくるようになったのは、それからまもなくのことだ。音はあまりに頻繁に聞こえてくるので、家族は恐ろしさよりもむしろ興味をそそられた。

マーガレッタ・フォックス。ポルターガイストとみられるラップ音の公開デモンストレーションを行ったことで、スピリチュアリストの運動が起きた。後に、彼女と妹のケイトは詐欺師と呼ばれるようになる。

そのうちにわかってきたのは、自分たちの手でたたく音や数を、音はそっくりまねできるということだった。そればかりか音は、数やタイミングで質問に答えることもできた。1848年3月31日の出来事について、フォックス夫人はこう書き残している。

「その日は割と明るい夜で、私たちは早い時間にベッドに入りました。いつも眠りを妨げられていたので、すっかり寝不足だったのです。その夜も、横になるとすぐ、音が始まりました。子どもたちは指を鳴らし、そのコンコンという音をまねようとしました。末っ子のケイトは、『割れたひづめさん、私がやる通りにやってみて』と、手をたたきます。すぐに、同じ数だけの音が返ってきました。娘がたたくのをやめると、音もいったんやむのです。私は、そこにいた誰も答えられないような問題を出してみようと思いました。その『音』に、私の子どものそれぞれの年齢を、順に答えるように言ったのです。すぐに、コンコンという音が始まり、子どもたちの歳が次々と当てられていきました。一人一人の数がわかりやすいように間を十分に取りながら、七人まで数え終わると、そこで長めの休みを挟んでから、コンコンコンと3回強くたたきました。それは、幼くして死ん

ニューヨーク州ハイズビルにあったフォックス一家の住んでいた家。壁から聞こえてくるラップ音が、出題者にしかわからないような問題にも答えたという。

ケイト（上）と姉のマーガレッタが霊と交信する様子を公開すると、センセーションが巻き起こった。しかし、「死者の立てる音」は、彼女たちが膝の関節を鳴らしているだけという声もあった。

だ子の年齢です。一番末の子どもでした。私は、『私の質問に正確に答えることができるなんて、あなたは人間なの？』と、聞きました。音は答えません。『それとも、霊なの？ そうなら、二度、音を鳴らして』、そう言い終わるか終わらないうちに、コンコンと音がしました」

目撃証人になるために、近所の人たちが呼ばれてやって来た。そのうちの一人、チョーンシー・ロージーは、本人にしかわからない私的なことを質問している。彼の供述書には、「ノック音が当てた答えすべてを、同じように当てられる人間がいるとは思えない」と書かれている。

この怪奇現象の噂は、あっという間に広まり、フォックス宅へ見物人が大勢押しかけるようになった。父親のジョン・フォックスが言うには、霊は、フォックス家が越してくるしばらく前にこの家で殺された行商人であると明かしたらしい。そして地元で出版業を営むE・E・ルイスが調査に乗り出すと、以前の住人のなかには同じような音に悩まされていた人や、その家で殺人があったと聞いた人もいることがわかった。しかし、どちらも確かな証拠は見つけられず、さらに、地下室の床下から人骨が掘り出されたと新聞に報じられたこともあったが、その裏づけも取れていない。

フォックス夫人は二人の娘を、結婚してロチェスターに住んでいる上の娘に預けた。1849年、そのロチェスターで、娘たちは、最初の公開デモンストレーションを行う。それを皮切りに、米国東部を中心に各地で活動をして回るようになり、彼女たちはスピリチュアリズムの一大センセーションを巻き起こしたのである。バッファロー大学の著名な三人の教授が、音は膝の関節を動かして出しているのではないかと疑っても、ケイトが後年、足の指を使って音を出していたのだと告白しても、その人気は衰える様子を見せなかった。

考察

このケースで特に面白いのは、彼女たちの活動がきっかけでスピリチュアリストの運動が巻き起こったことだろう。頻繁に集会が開かれ、「霊のラップ音」を頼りに死者との交信を図った。フォックス家の姉妹は職業として霊媒をするようになり、同時に、さまざまな目的や思惑から数限りない調査も受けることになる。ウィリアム・クルックスのように、彼女たちを信じて疑わない研究者もいたが、詐欺師だと決めつける人も多かった。後年は、集団暴行にあったり、アルコール依存症になったり、ついには自ら詐欺行為をしていたと認める証言をしたりするなど、幸福とはいえない人生だった。ただ、詐欺の告白は強要されたものだとして、後に撤回している。

しかしこのケースでは、最初の段階で、すでに大きな違和感を覚えざるを得ない。同じ部屋に娘たちが寝ているのにもかかわらず、フォックス夫人が、子どもたちの年齢を知っている人は「その場に誰もいなかった」と考えるのはおかしい。チョーンシー・ロージーが出した質問の答えを、本当に誰も知らなかったかどうかも疑わしい。そのため最近の研究では、マーガレッタとケイトの姉妹は生涯を通して詐欺行為をしていたとする意見も多い。

瓶に潜む霊

場　所○シーフォード（米国、ロングアイランド）
時　代○1958年2月
被害者○ジェームス&ルシル・ハーマン、子のジミーとルシル

1958年2月3日の午後3時半頃、ハーマン夫人がシーフォードの自宅にいると、ポンポンポンと威勢の良い音がそこら中から聞こえてきた。慌てて、ジミー（12歳）とルシル（13歳）を連れて家の中を見て回ると、ほとんどの部屋でたくさんのボトルがふたの取れた状態になっていた。バスルームではシャンプーが倒れ、こぼれ出た液の中につかっていたし、キッチンや地下室では、漂白剤や洗濯のりのキャップが外れていた。寝室でも、聖水や香水の瓶が同じようになっていた。不思議なのは、それらの容器のふたはすべて、コルクや押し込み型のものではなく、ねじ込み式のふただったことだ。中身も発酵性の液体ではなく、炭酸なども含まれていない。

その3日後のほぼ同時刻に、6本の瓶のふたが開いて、中身がこぼれた。次の日も、その次の日も、まるでボトルが意思を持ってわざとふたを飛ばしているかのようだった。最初にハーマン宅にやって来たのは、パトロール警官のJ・ヒューズである。彼が家族に事情を聞いている間にも、バスルームからはポンポンとふたの飛ぶ音が聞こえてきていた。

その後、ジョセフ・トッツィ捜査官が、この事件を担当することになった。彼の報告書には、瓶だけ

12歳のジミー・ハーマンを見つめる超心理学者のJ・ゲイター・プラット。ハーマンの家のバスルームやキッチン、地下室などで、スクリューキャップが音を立てて開いたのが、超常現象の始まりだった。

でなくほかの物も動き出したと書いてある。捜査官の見ている前で、磁器の人形が空中をふわふわと漂い、砂糖つぼが食堂の壁に勢いよくぶつかっていった。あるときなど、家族全員が上の階にいるにもかかわらず、下の部屋で重い本棚が勝手に倒れたこともあった。

次々と起こる出来事に不安を感じながらも、父親の

ジミー・ハーマンと13歳の姉ルシル、両親。ロングアイランドのこの家で、彼らはポルターガイストに悩まされていた。

ハーマンは冷静さを失わなかった。

「10時半頃、私がバスルームの入り口に立っていると、突然、洗面化粧台に置いてあった瓶が動き始めました。1本はまっすぐ前にゆっくりと動いていってシンクに落ち、もう1本は45度右に回転し、床に落ちて割れました。2本同時にです」

ハーマン一家が記録していた68件の出来事のうち、23件が瓶に関するものだった。警察は考えられる可能性を

家族と一緒に写真に収まるジミー・ハーマン。このケースでは珍しく、少年が騒動の張本人だったようだ。だが、超心理学者たちは彼が故意にやっていたとは考えていない。

すべて挙げ、その現象を解明しようとした。例えば、高周波の電波か、近くのJFK空港から飛行機が飛び立つときに出る衝撃波によって、ふたが開くのではないかという仮説を立てた。しかし、電気信号の波形を測定する装置を地下室に置いてみたが、少しの揺れも検知できなかった。家の中の電気回路もすべて点検したが、故障や異常は見つからなかった。それから約1カ月過ぎた頃、この不思議な現象はぴたりとやんだ。その後、ひとりでに瓶が開く現象は一度も起きていない。

考察

米国ノースカロライナ州デューク大学の超心理学研究所のJ・B・ライン所長が、このケースに興味を持ち、ゲイザー・プラット博士とW・G・ロール博士を調査に向かわせた。わかったのは、この現象を12歳のジミー・ハーマンが起こしていること、そして、どれも子どもじみたいたずらにすぎないということ。しかしプラットとロールは、ジミーが張本人だったとしても、故意に仕掛けていたとは考えにくいと思い直した。一度、トッツィ捜査官が白状させようとしたことがあったが、ジミーは頑として認めようとしなかった。どちらにしても、家の中が大騒ぎになっていたとき、家族はみんな一緒にいたことが多かった。

プラットとロールは、実際にポルターガイストが起きているところをあまり目にしていない。そして、捜査の途中で、現象はまったく起こらなくなった。しかしプラットは今でも、この現象が起きたのは、ほかのポルターガイストの事件のように情緒不安的な思春期の子どもがいたせいだと考えている。彼は言う。「８００万人のニューヨーカーが同時に精神を集中させたら、エンパイア・ステート・ビルだってほんの少しは動くかもしれないのです」

イースターにやって来る客

場　所○ロンドン（イングランド）
時　代○1958〜1962年のイースター
被害者○グラハム＆ベラ・ストリンガー

1958年のイースターウィークのある夜、ロンドンにあるグラハムとベラのアパートで火災が起きた。火は、赤ん坊のスティーブンのおもちゃを一山分焼いたが、運よく目を覚ました二人に消し止められた。原因はわからずじまい。次の年の聖金曜日、ベラが買い物から戻ると、スティーブンが居間で炎と格闘していた。母親から届いたプレゼントが自然発火したのだという。これも、前年と同じように、大ごとにならないうちに消し止めることができた。プレゼントは、残念ながら燃えてしまった。

1960年のイースターの次の日、ベラは焦げ臭い匂いに気がついた。寝室へ行ってみると、グラハムのシャツとベストが燃えている。すぐに火を消したが、チェストの引き出しがひどく焦げた。

何度も保険金を請求したせいで、火災保険の契約を一方的に打ち切られてしまい、グラハムとベラは不安な気持ちで1961年のイースターを迎えた。だが、その年には火事は起きなかった。火事はなかったが、ドアが開閉する音と、人の姿は見えないのに足音が聞こえ、「灰色の光の柱のようなもの」がアパートの中を通り抜けるということが、二度あった。それに、あとで気がついたのだが、キッチンの窓が壊れていた。二人は、おそらくこれまでの現象はポルターガイストで、たった今、霊がこの家を出て行ったのだろうと思った。そしてその霊にガラクタという意味の「ラリー」というあだ名をつけた。

ところが、ポルターガイストの現象は、それで終わったわけではなかった。翌1962年のイース

ベラ・ストリンガーと息子のスティーブンが、ロンドンのアパートで起きた原因不明の火事の後始末をしている。1958 年から 1962 年まで、イースターになると同様の火事が起きた。

ターウィークのある朝、ベラは居間が燃えていることに気がついた。それまでよりも勢いが強く、消防隊が駆けつける騒ぎになった。まもなく火は消し止められたが、焼け焦げた部屋を掃除している間にも、子ども部屋でまた火の手が上がった。幸い、スティーブンはその部屋にいなかったためけがはなく、延焼もほんの少しで済んだ。そしてイースターに見えないお客が来て騒ぎになるのも、ようやく、これが最後となった。

考察

この一連の出来事は、普通ではまず考えられない。原因のわからない自然発火現象が、数年の間に何度も起きている。もっともらしい説明がいくつか考えられたが、そのなかに、大気電気の乱れによるものという説があった。火の玉などがそうである。しかし毎年同じ時期に、同じ場所で繰り返すというのは考えにくい。

スティーブンもあまりに幼く、ポルターガイストの焦点（フォーカス）にはなれなかっただろう。それに、ポルターガイストはしばらく続く場合が多く、一年に一度などということはない。では、過去のイースターに、グラハムかベラが精神的なストレスを感じていたということはなかっただろうか。どの報告を見ても、スティーブンの生まれた日がその辺りだったという記述はなく（しかしプレゼントが届いていたということは、その可能性はある）、出産時に受けた苦痛がベラにとってトラウマになっていたとも書かれていない。ただ、もしイースターのたびに無意識に思い出す強いストレスがあれば、そのような現象を発生させる引き金にもなったかもしれない。

機械の中の幽霊

場　所○ローゼンハイム（ドイツ、バイエルン）
時　代○１９６７〜１９６８年
被害者○ジグムンド・アダム、弁護士事務所の職員

ドイツ・バイエルン州の静かな町ローゼンハイムに、ジグムンド・アダムの弁護士事務所はあった。そこでおかしなことが起き始めたのは、１９６７年の夏のこと。事務所の職員たちが口々に、電話が故障していると訴え始めたのだ。通話中にカチカチという雑音が入ったり、途中で回線が切れたりした。時には、事務所にある4台の電話すべてが、一斉に鳴り出すこともあった。受話器を取っても、通じていない。所長のヨハネス・エンゲルハルトは、電話線を引いた会社の技術者を呼んだ。１カ月たっても故障の原因が見つからず、技術者たちは連邦郵便公社になんとかしてくれるよう訴えた。

10月初め、郵便公社が、通話の記録を残すためのメーターを事務所と電話交換局の両方に設置した。アダムも、職員たちに電話を使った記録をすべてノートにつけさせることにした。次の日辺りには、誰も使っていないのにメーターが通話を記録しているところを、アダムとエンゲルハルトが目撃している。同じ現象を、その半月後にも、アダムと会計係が見ている。これはおかしいと、事務所のメーターや職員の記録したノートに交換局の記録をつき合わせてみると、かけてもいない電話の記録が20件以上も見つかった。それらはすべて、時刻を教えてくれる番号につながっていた。

郵便公社は、電話は確かにかけられているとして、記録の通りに料金を請求してきた。10月20日には午前7時42分から57分までの間に46回もの記録が残っていた。これは、20秒に1回の頻度である。わずか1分の間に5回もかけられていることもあった。「5週間で、５００〜６００回も時報ダイヤルにか

けていました。ある日など、1日だけで80回もです」。アダムは、設置した機械に問題があるに違いないと訴えたが、郵便公社は記録に間違いはないとして受けつけなかった。

この件は、単なる機械の故障として片づけられる可能性もあった。ほかにおかしな現象が起きなければ、おそらく事務所と郵便公社の間でなんらかの折り合いをつけていただろう。しかし、10月20日、突然、バンという音がして事務所の蛍光灯がつかなくなった。町の電気技師が調べてみると、どの蛍光灯もソケットの中で回転し、接続が切れていた。せっせと元に戻しても、またすぐバンという音とともに切れる。ヒューズが飛ぶこともあったが、それも原因がわからない。一度に四つの回路すべてで飛ぶこともあった。

事務所内の配線や設備をくまなく調べてみたが、おかしなところは見つからない。技師は、電力供給量の問題ではないかと、それを記録するメーターを回線に設置してみた。やはり、なぜか大きな電流が急激に流れている。蛍光灯は相変わらず切れてばかりいたため、11月に普通の電球に取り替えてみた。ところが次の日から、電球が破裂し始めたのだ。その月の終わりには、ローゼンハイム全体の電力供給量が調べられた。そして事務所の電力は、発電機を載せたトラックを庭に止め、そこから供給することになった。それでも事務所の中では、電球が破裂し、ヒューズが飛んだ。おまけにランプも揺れ始めていた。

「床の上でどれくらい飛び跳ねればランプを揺らすことができるのか、みんなで試してみましたが、到底無理な話でした。外を走る車の振動に気を配ってみたり、静電気のテストも行ってみたりしました。しかし、原因はわからないままです」。なかには激しく揺れ過ぎて、天井に当たって砕け、しっくいに穴を開けたランプもあった。さらに、12月11日には、壁にかかった絵が裏返しになりだした。360度回転して、ひもがフックに絡まった絵もあった。

技師たちだけでは解決できず、電気会社の要請で、二人の科学者が調査にやって来た。マックス・プランク・プラズマ物理学研究所のカルガー博士とミュンヘン大学のジチャ博士である。あらゆる可能性を調べた末に彼らの出した結論は、何か検知できない力が働いて、計測器に影響を与えているというものだった。電話のダイヤルが回されてもいないのに、パルス信号が送られているのもそのせいであると。そしてこの現象は職員たちが事務所にいるときにしか起きないが、彼らが不正を犯したりトリックを使ったりしているとも考えにくい。そこでいよいよ、超心理学者に調査を依頼することになった。

事務所にやって来たフライブルク超心理学研究所のハンス・ベンダーたちが注目したのは、職員たちだった。エンゲルハルトと二人の事務員、グステル・フーバー（17歳）とアンヌマリー・シュナイダー（18歳）である。なかでもアンヌマリーのことを注意深く観察した。彼女は、いつも非常に緊張し、件の現象に不自然なほどヒステリックに反応していた。試しに数日の休暇を与えてみると、その間は現象もやみ、事務所は静かだった。彼女が戻ってくると、また騒ぎが始まる。壁の絵は揺れて落下し、カレンダーは破れ、飛び出してくる机の引き出しを重い物で押さえておかなければならなかった。

この事件には、警察も注意を向けていた。ウェンデル警官は、アンヌマリーが物理的に何か仕掛けをしているに違いないと思っていた。しかし、重いキャビネットがひとりでに動いて彼の足の上に落ち、屈強な警官が二人がかりでやっとよけるようなことがあっては、その考えも改めざるを得なかった。その日のうちに、キャビネットはまた動き出し、客を座らせたまま椅子が位置を変え、テーブルもガタガタと進みだした。しかたなくアダムは、アンヌマリーに暇を出した。ポルターガイスト現象はピタリとやみ、それ以来、一切起こっていない。

ローゼンハイムのケースでは、超心理学者ハンス・ベンダーは18歳の職員アンヌマリー・シュナイダーを重点的に調査した。アンヌマリーが事務所を辞めさせられると、不思議な現象はぴたりとやんだ。

考察

ハンス・ベンダーが、アンヌマリーにフライブルクの研究室に来てテストを受けるように言うと、彼女は少しためらったあとで承諾し、1968年1月の終わりに1週間滞在している。彼女の力で研究室の機械になんらかの影響を与えるという試みは成功しなかったが、心理テストを徹底的に受けさせている。その結果、心理学者のジョン・ミショは、アンヌマリーは不満や激しい怒りに悩まされているとの診断をくだした。他人から否定されることを容認できず、しかし自分の敵意は押さえ込んでしまう。アダムの事務所にいることが、アンヌマリーには苦痛だった。退社までの時間を知りたい気持ちが、時報ダイヤルへ回線をつなげてしまったのだろうとベンダーは仮説を立てた。

アンヌマリーはアダムの事務所を辞めてから職を転々としたが、噂がついてまわり、何か不可解なことが起きると辞めさせられていたらしい。1975年に、彼女はBBCのインタビューを受けている。「製紙工場で働いていたとき、男の人が殺されるという事件が起こりました。私の噂を知っている人たちは、『男が死んだのは、あの女のせいだ』と言ったのです」。彼女はミュンヘンへ移り、知る人のいない都会でひっそりと生きた。例の現象が起きたというようなことは報告されていない。

ポルターガイストは、注目が集まれば集まるほど激しさを増すといわれている。アダムの事務所のポルターガイストは、数カ月の間に40人以上の人々の目にさらされていると、ベンダーは指摘する。電気技師、物理学者、警察官。しかし誰も解明することはできず、アンヌマリーの感情が原因となっている可能性をほのめかすのがせいぜいだった。

エンフィールドの魔女

場　所○エンフィールド（イングランド、ロンドン北部）
時　代○1977～1978年
被害者○ペギー・ホジソン、娘のジャネット（11歳）ほか、三人の子どもたち

エンフィールドに暮らす母子五人の家庭で起きたポルターガイストについては、心霊研究協会（SPR）のガイ・ライアン・プレイフェアが詳しい記録を残している。特に興味深いのは、その写真の数だ。確かに、本物かどうか疑わしいものも含まれてはいるが、現象が起きている間に撮られた写真や録音テープなど、かなりの数に上る。

1977年8月31日の夜、母親のペギー・ホジソンが、娘のジャネット（11歳）と息子にもう寝るように言うと、二人が、何か「引きずるような音」がするという。見ると、重いチェストが床の上をずるずるとはうように移動していた。驚いたホジソンが、元の位置へ押し戻しても、タンスはまた動き出し、今度はどうやっても戻らない。そうこうしているうちに、ドンドンドンと四度、壁を乱暴にたたく音が聞こえてきた。

ホジソンは怖くなり、近所のノッティンガム夫妻のところへ助けを求めに走った。夫のビックが息子を連れてやって来て、家中を調べて回ったが何も見つからない。しかし、階段の壁からノック音が聞こえてくるため、警察を呼ぶことにした。そして駆けつけた女性警察官のキャロリン・フープスの目の前でも、居間の椅子がずるずると滑るように動いた。フープスは、その記憶に間違いがないと供述書にサインをしている。

自然発火は、ポルターガイストによく見られる現象だ。エンフィールドのケースでは、このような焼け焦げの紙幣が、引き出しの中から見つかっている。

次の日には、ビー玉やブロックが空中を勢いよく飛び交い始めた。つまみ上げると、かなり熱を持っている。すっかり取り乱していたホジソンは、『デイリー・ミラー』紙へわらをもつかむ思いで電話をかけた。

9月4日の夜遅く、新聞社のカメラマン、グレアム・モリスが、盛んにシャッターを切っていた。その場にいた者は一人残らずファインダーに収まっていたはずだ。しかし、どこからかおもちゃのブロックが飛んできて、モリスの額に激しく当たった。1週間たっても傷が消えないほどの勢いだった。ジョージ・ファローズ記者はその話を聞くと、すぐにSPRへ連絡を取った。SPR内で名乗りを上げたのは、新人の（あまり経験のない）モーリス・グ

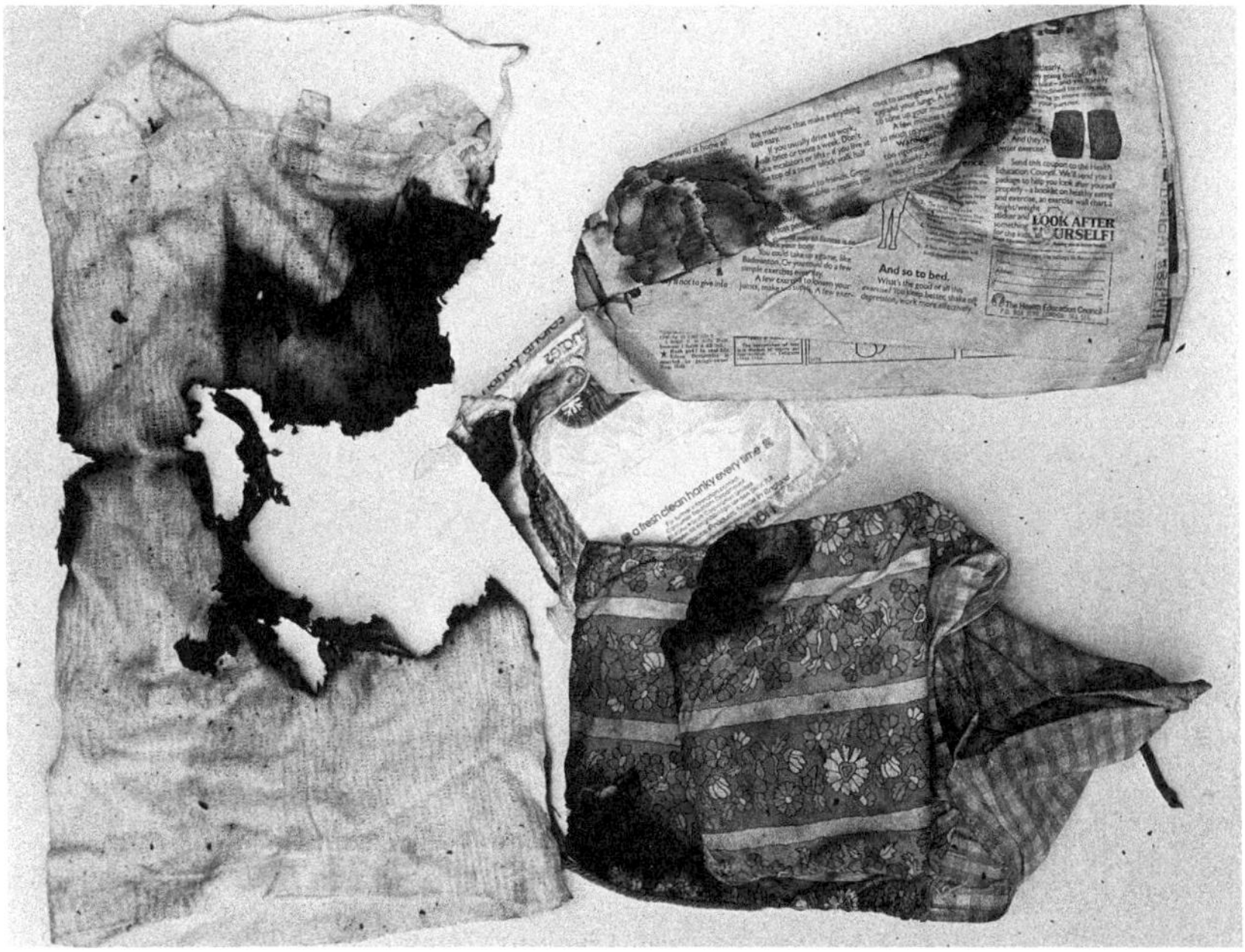

調査中に見つかった奇妙に焼け焦げた布や紙。火は、ポルターガイストのなかでもかなり危険な現象だが、エンフィールドのケースでは、ひとりでに消えるか、すぐに消し止められた。

ロスだった。

9月8日、グロスが目にしたのは、典型的なポルターガイストの現象ばかりだった。ビー玉が自分めがけて飛んでくる。ドアがひとりでに開閉する。テーブルの洗濯物の山からシャツが立ち上がり、床の上へはらりと落ちる。

連日のラジオ報道を聞き、グロス一人では手に負えないと思ったのか、SPRのガイ・ライアン・プレイフェアも調査に加わることにした。ホジソン家では、相変わらず壁や床のノック音が続いている。プレイフェアたちは、昔ながらのやり方で、「霊（エンティティ）」と交信できることに気がついた。「ノー」なら1回、「イエス」なら2回音を鳴らして質問に答えるという例の方法

エンフィールドのポルターガイストは、重いソファや椅子などを無造作にひっくり返していた。このような現象を写真に残すことができたという点で、このケースは特に重要である。

である。ある晩、グロスが「霊」に、どのくらい昔からこの家にいるのかと質問してみると、返ってきた音は、53回だった。このときの様子を録音したテープが残っている。家族はみんな、その場にいた。

そのあと、音が乱れて意味が取れなくなったため、グロスが「ぼくをだまそうとしているのか?」と大声を出した。すると一瞬の間のあとで、部屋の隅に置いてあったおもちゃの箱とクッションが浮き上がり、2メートルほど離れたグロスめがけて飛んできた。テープがちぎられたり、きれいさっぱり内容が消されたりといったこともあったが、このときのものを含め、プレイフェアは数多くの音を残している。ただ、写真も多く撮られているが、証拠に使えそうなものはほとんどなかった。電気会社のチームが赤外線カメラを持ち込み、子ども部屋の様子を外からモニターしようとしたが、それも原因不明の機械の故障で失敗している。

とはいえ、新聞社のグレアム・モリスは、モータードライブ付きのカメラを使った高速連続撮影に成功している。一つは枕がひとりでに動いている場面で、もう一つは、ジャネットのベッドから掛け布団が引き剥がされ、カーテンがグルグルとねじれていく場面だ。また、大きな家具が動かされ、めちゃくちゃになっている部屋も写真に撮られている。

12月15日に起きたとされる出来事は、目撃証人も多く、特に異常なものだった。重要なのは、この日、ジャネットに初潮が来たということだ。その数日前に、ジャネットは突然しわがれた男の声でしゃべりだしている。自分の意思ではなく、押さえられないのだという。声は、かつてこの家の住人がどこでどう死んだかというようなことまで話した。もちろん、そのような情報を、ジャネットが知っているはずはない。

ロンドン大学バークベック校物理学部のデビッド・ロバートソンも、この調査に加わることになった。

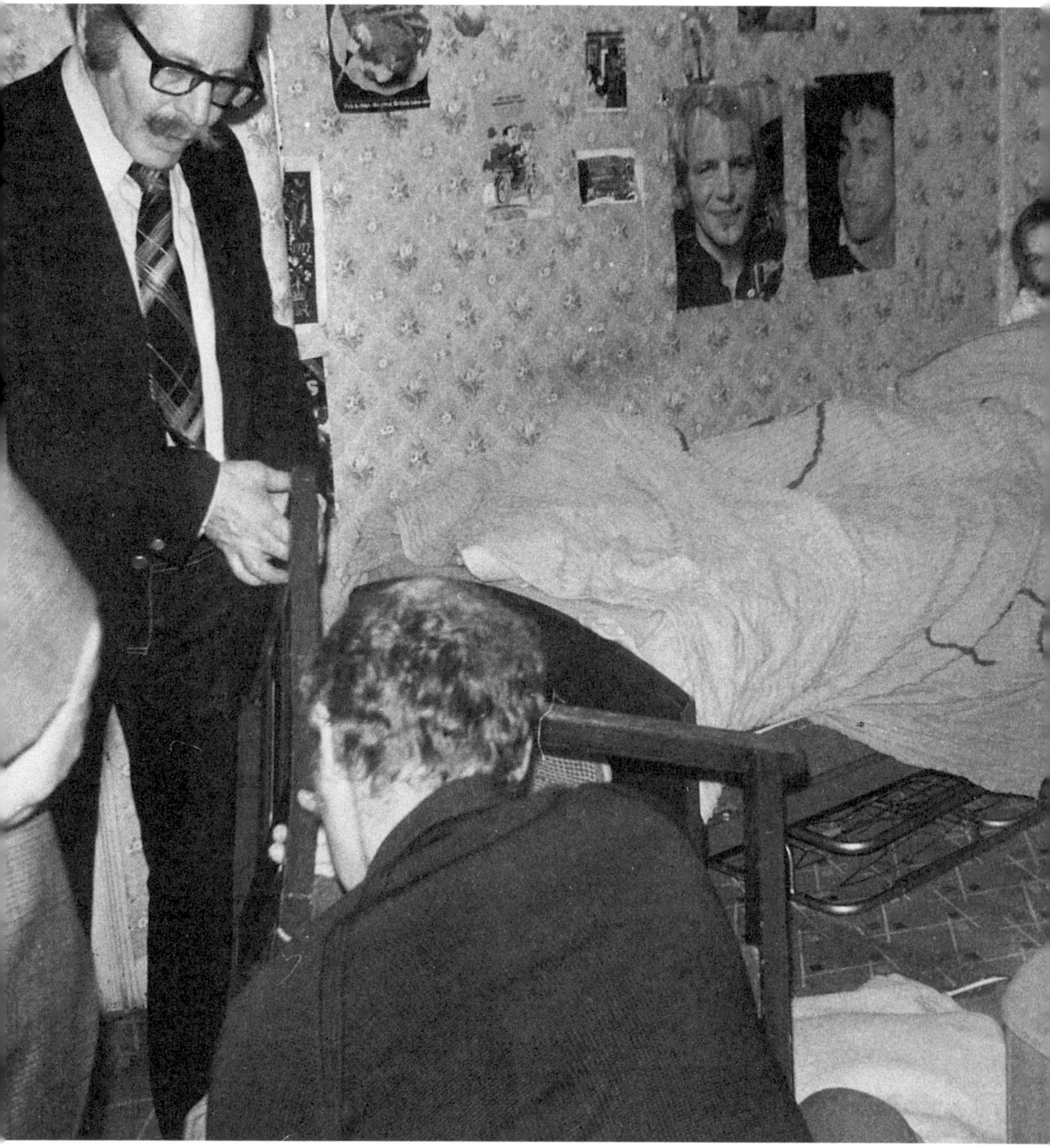

エンフィールドのポルターガイスト。寝室の家具を調べるモーリス・グロス（左）とガイ・ライアン・プレイフェアを、ジャネットが見ている。彼女はホジソン家のなかで一人だけ、不安を感じていないようだった。

彼は、ジャネットに大きくて重いソファクッションを「消してみる」ように言った。このとき、通りかかった地元の職人が、ホジソン宅の屋根の上に大きな赤いクッションが現れたところを目撃している。この職人はホジソン一家のことを知らず、騒動の内容を聞かされても信じようとしなかった。それでも、上の階の窓に「部屋の中で横になって浮かんでいる」ジャネットが見えて驚いたとも証言しているのである。

ホジソン家の前の通学路に学童養護員として立っていたヘイゼル・ショート夫人も、同じ窓に「完全に水平になった状態」の女の子を見たと言っている。この目撃者二人の位置や角度から計算すると、ジャネットは少なくとも70センチはベッドの上に浮いてなければならない。

ホジソン家のポルターガイストはその後もしばらく続いたが、翌年の10月頃にぴたりとやんだ。そして4年後、バークベック校物理学部のJ・Bヘイステッド教授が、空中浮揚が本当に可能なのかを実験するためにジャネットを研究室に呼んだ。

ジャネットの座った椅子の台は特別に作られたもので、体重のどんなわずかな増減も、チャート紙上に記録が残るようになっていた。実験の間、ジャネットは身じろぎもせずに座っていたのだが、チャートには30秒ほど、1キログラムも体重が減っていたことが記録されていた。

ヘイステッド教授は、この結果が必ずしも空中浮揚の証拠とはいえないと強調していたが、納得のいく説明は今もついていない。

考察

　このエンフィールドのポルターガイストについてのガイ・ライアン・プレイフェアの報告を、激しく批判するSPRメンバーもいた。特にアニータ・グレゴリーは、実際にホジソン家を訪ね、そこで音を聞き、自分の目で現象を見て、すべて子どもたちのいたずらによるものだと判断している。初期の現象は本物だった可能性もあるが、グロス（経験不足の調査員）やプレイフェア、マスコミなどからも注目を集めるようになり、子どもたちは大人を満足させようと次第に芝居をするようになったというのが、彼女の意見である。

　このポルターガイストの主な焦点（フォーカス）はジャネットだった。争点となったのは、ジャネットをベッドの上に浮かせたとされる力についてだ。アニータが指摘する通り、彼女の部屋の壁には、身体能力の高さを証明する賞状などが何枚も飾られている。しかも、決定的瞬間を捉えた写真のなかで、ジャネットはいつも訳知り顔で笑みを浮かべているのである。

「ジャネットの前でカメラを回して何になるのかしら。彼女は自分が撮られていることに気づいている。映像では、スプーンを曲げたり太い金属の棒を折ろうとしたりしているけれど、ごく普通のやり方、つまり力を加えているだけのように見える。それに、両手で羽ばたいてはいなくても、ピョンピョンとベッドの上で跳ねているように見えるけど」とアニータは言う。だがジャネットが70センチも跳びはねられるのかどうかはわからない。その真相は謎のままである。

フライング・キラー・テレフォン

場　所○コロンバス（米国、オハイオ州）
時　代○1984年
被害者○ジョン＆ジョアン・レッシュ夫妻

1984年3月のある土曜日、米国オハイオ州コロンバスにあるジョン・レッシュとジョアン夫妻の小さな家で、朝の9時頃、すべての電灯がパッとついた。夫婦も養女のティナ（14歳）も、ほかの四人の養子たちも、一つもスイッチを触っていない。だから家中の明かりが一斉につくはずがなかった。電気工事会社からブルース・クラゲットが派遣されてきた。彼は、ブレーカーに問題があるとふんでいたが、「3時間も調べましたが、まだ家中の照明がついたままでした」。スイッチを下げ、切った状態のまま、テープで固定しようとしたが、「貼りつけた途端に、すぐに元に戻ってしまうのです」

それだけでなく、その日のうちにさまざまな現象が起こり始めた。ランプや壁掛け、真ちゅうのろうそく立てなどが空中を飛び交い、2階のシャワーが誰も使っていないのにザーザーと流れ出した。時計の針も、あり得ないスピードで回り始める。日が変わる頃になって、ようやく警察に通報したが、やって来た警官たちも首をひねるばかりだった。翌日の日曜日は、ワイングラスが粉々になり、コンロの卵が飛び上がって天井でぐしゃりとつぶれ、引き出しが開いたかと思うとナイフが飛んできた。このポルターガイストの焦点（フォーカス）は、ティナのようだった。何度もティナめがけて物が飛んできた。ティナが部屋の中を歩くと、椅子がガタゴトと転がりながらついていき、戸口でひっかかってやっと止まる。家の中に穏やかな時が訪れたのは、彼女が教会に行っている間だけだった。

奇術師のジェームス・ランディはそれまでにも数々の超常現象の嘘を暴いてきたが、ティナのケースもＢ級ホラー映画のような出来だと切り捨てた。ティナは、見えないコードを引っ張り、電話がひとりでに飛んだように見せかけていたという。

月曜の朝には、家具がひっくり返り、床はガラスの破片で足の踏み場もないほどになっていた。そんななか、『コロンバス・ディスパッチ』紙のマイク・ハーデン記者がカメラマンのフレッド・シャノンを連れてやって来た。ハーデンは、「もう終わってほしいだけなの！」とティナが叫んでいたと記事に書いている。

「しかし、ティナが話している間にも、電話機が飛んでいくのです。彼女がそれを元の場所へ戻す。1回で済まず、5回も、6回も。いくら戻しても、そのたびに電話機は宙を飛びます。客たちはその光景を、あんぐりと口を開けて見ている。すぐそばのテーブルからコーヒーカップがティナの膝に転がり落ち、そのまま暖炉へ飛んで、砕け散る。ティナがソファへ移動する。すると、今度はマットレスがふわりと宙に浮き、彼女の頭に覆いかぶさるのです」

シャノンは電話機が空中を飛ぶところをカメラに収めた。そしてその写真が新聞に載ると、国中が大騒ぎになった。新聞、テレビ、ラジオの記者たちが続々とティナの家へ押しかけてきた。ノースカロライナの心霊研究協会の会長W・G・ロールも、壁の絵が落ちる瞬間や、自分のテープレコーダーが2メートル先まで飛んでいくところを目撃している。

ほかのケースと同様に、このポルターガイストもしばらくすると騒ぎを起こさなくなった。しかし、世間の騒ぎはそのあともなかなか静まることはなかった。

考察

奇術師でもあるジェームス・ランディは超常現象を徹底的に調査し、数々のインチキを暴いてきた人物だが、そのランディがティナのケースに目をつけた。レッシュ家はランディを家に入れないようにして対抗したが、彼は『ディスパッチ』紙のカメラマンが撮った例の写真のフィルムを入手した。紙面を飾ったのは1枚だけだったが、ティナの手が電話のコードや電話そのものに十分届く位置にあったことが、使われ

1984年に『コロンバス・ディスパッチ』紙に掲載された14歳のティナ・レッシュと「フライング・キラー・テレフォン」の写真。超心理学者のW・G・ロールは、ティナが念動力を持っていると信じていた。

なかった写真に写っていることを暴露した。ランディは、このティナの騒ぎを当時の映画のタイトルをもじって「アタック・オブ・フライング・キラー・テレフォン（空飛ぶ殺人電話）」と名づけている。

その後ティナは、さらに決定的な証拠を突きつけられる。現象が起きていた間、テレビカメラが知らずに回り続けていたことがあった。そこにははっきりと、テーブルランプのコードをつかみ、金切り声を上げながら引っ張るティナの姿が映っていたのである。そのことについてティナは、記者があんまりうるさいから、うんざりしていたと言った。ちょっとした怪奇現象のようなものを見せてやれば、満足して、一人にしてくれるだろうと思ったと。

このケースもまた、思春期の少女が焦点になっているポルターガイストである。ティナがすべての現象を意図的に発生させることは不可能に思えるが、実は報道陣はこの手の現象に不慣れであったため、うかつに信じ込み、隙だらけだった。証言した人のなかには、専門家のW・G・ロールもいたにもかかわらずである。ティナが意識的に行っていたにせよ、無意識だったにせよ、コントロールできていたようには見えない。だから、「もう終わってほしいだけ」だと言っているのである。

怪現象は起きなくなったが、その後のティナの人生はトラブル続きだった。1992年に、3歳の娘アンバーが遺体で発見され、殴り殺されたものとみられた。二度離婚を経験し、クリスティーナ・ボイヤーと名乗っていたティナは、その頃付き合っていたデビッド・ヘリンと共謀しアンバーを殺した罪で起訴された。無実を主張していたが、死刑を免れるために司法取引に応じ、20年の執行猶予つきの終身刑を言い渡された。ヘリンは児童虐待の罪で有罪となったが、2011年に釈放されている。

2004年にはW・G・ロールが『抑えきれない〜ポルターガイストと殺人：ティナ・レッシュの奇妙な話』という本を書いている。ロールは、アンバーの死に関してティナは無実であり、念動力も持っていると信じて疑わなかった。

幽霊のベッド

場　所○サバンナ（米国、ジョージア州）
時　代○1998年
報告者○アル・コブ

2晩眠ってみて、ジェイソン・コブ（14歳）は19世紀のアンティークベッドをとても気に入った。それは、アンティークディーラーの父アルと母リラが彼のために選んだものだ。しかし3日目の夜、おかしなことが起きた。異様な感覚に目を覚ますと、まるで見えない誰かが肘を押しつけてでもいるかのように、目の前で枕にへこみができた。そしてその誰かは冷たい息をジェイソンの顔に吹きつけてきた。

両親はジェイソンの話に取り合わず、夢でも見たのだろうと言う。次の日、ジェイソンが部屋に入っていくと、ベッドの脇のテーブルに立ててあったおじいさんの写真が伏せられていた。風が倒したのだろうか。しかし、その次の日には、鳥の置物や巻き貝、小さな貝殻でできた恐竜など、部屋中から集められた物たちが、おじいさんの写真を真ん中にして、取り囲むようにベッドの上に並べられていたのである。

父親のアルは、霊に話しかけてみることにした。まず名前と年を聞いてみたが、反応がない。そこで、クレヨンと紙をベッドの上に置いておいた。15分後に戻ってみると、ミミズがはったような文字で「ダニー」「7」と書かれていた。

次の週、アルは、1899年にダニーの母親がそのベッドで死んでいること、だから誰にもベッドを使わせたくないことなどを聞き出している。ジェイソンは、ベッドを使わないようにしていたが、ある日、わざと横になってどんな反応があるか試してみた。すぐに壁掛けが飛んできて、もう少しでけがをするところだった。ダニーの怒りはそれだけでは済まず、キッチンの引き出しがいくつも急に開いたり、家具が倒されたりした。

それからまもなく、ジェイソンはほかの霊とも話をするようになっていた。一人は「サムおじさん」で、サムは、自分の娘がこの家の下に埋められているから、返してほしくてここにいるのだと言った。もう一人は「グレイシー」という名だった。それはおそらく、近くにあるボナベントゥラ墓地に埋葬され、そこに像も建てられているグレイシー・ワトソンという少女の霊だと考えられている。

考察

超心理学者のアンドリュー・ニコラス博士が、コブ家のケースの調査に乗り出した。ニコラス博士はフロリダ超心理学研究学会の会長を務め、米国フロリダ州ゲインズビルにあるサンタフェ・カレッジの心理学の教授でもある。彼は、ジェイソンの部屋を見て、壁の中の配線が異常であるために強い電磁界が形成されていることに気がついた。ベッド自体に力はないが、壁にぴったりとつけられていたため、そこにたまっていた電磁エネルギーが、「もともと少年に備わっていた超能力（サイキックアビリティ）に力を与えた」とした。部屋からベッドを経由して流れ込んだ電磁気が、少年の超能力のスイッチを入れたということだろう。

ニコラスは、この家で起きたことをポルターガイストのせいだとは考えていない。自分の目でも映像フィルム上でも確認していないからだ。ただし、その可能性を否定しているわけではない。

第9章

消えたヒッチハイカー／都市伝説

「友達の友達」の身に起きたこととして語られがちな都市伝説には
神がかったエピソードも含まれ、新しいタイプの幽霊話ともいえる。
この現代の伝説は、真実味があっても、昔話の焼き直しであることも多い。

遠くまで続く寂しい一本道。都市伝説のヒッチハイカーが現れ、車に乗せてもらい、こつぜんと消えてしまうのは、このような場所ではないだろうか。

エレベーターの中の霊

場　所○パリ（フランス）
時　代○1893年
報告者○ダファリン卿

初代ダファリン＝エヴァ侯爵フレデリック・ハミルトン＝テンプル＝ブラックウッドは、1860年から1896年まで外交官として手腕を発揮し、最後の6年間は在フランスの英国大使を務めた。ダファリン卿のする話はとても面白く、おいのハロルド・ニコルソンにも、ことのほか忘れられないものがあるという。

それは1883年に、ダファリン卿が、アイルランドのオファリー県タラモア近郊にある大きな屋敷に滞在していたときのこと。夜中、ダファリン卿は外から聞こえてくる気味の悪い声に目を覚ました。哀れな泣き声だったが、人間のものというより動物の鳴き声のようにも聞こえる。テラスに面した窓から外をのぞいてみると、月明かりに木の陰から男が現れた。ひつぎを背負い、腰が曲がっている。

ダファリン卿は力まかせに窓を開け放つと、外へ走り出し、大声で男に、待てと言った。男の体が止まり、こちらへ顔を向けた。苦しみと憎しみでゆがんだ恐ろしい顔である。ダファリン卿は一瞬ひるんで足を止めたが、またすぐに走り出し、その体を通り抜けたところで、男は消えた。

ダファリン卿は訳もわからず部屋に戻り、今しがた自分の身に起きたことを書きとめてからベッドに戻ったが、当然、眠りは浅い。次の朝、館の主人やほかの客にゆうべの出来事について話してみたが、皆、うまい説明はつけられないようだった。その土地に昔から出る幽霊のようでもない。その後何年かたつ間に、ダファリン卿はきっと悪い夢を見たのだと思うようになっていた。

10年後、大使としてパリにいたダファリン卿は、秘書を連れてグランドホテルのパーティーに出席した。二人は大勢の客と一緒にエレベーターを待っていた。しかし、エレベーターのドアが開いた瞬間、ダファリン卿は乗り込もうとする秘書の腕を取り、よろよろと後ずさった。乗っていたエレベーター操作員の顔が、何から何までアイルランドで見たあの恐ろしい顔と同じだったのである。

ほかの客はダファリン卿を置いて乗り込んでいき、すし詰めになったエレベーターは、ゆっくりと上っていった。ところが、彼が事務室まで行って先ほどの操作員について質問しているところへ、ケーブルの切れる恐ろしい音が聞こえてきた。エレベーターは一番下まで落下し、乗客全員が死亡した。操作員の遺体を引き取りにくる者はいなかった。実は、その日に雇われたばかりで、ホテルの従業員も男の素性を知らなかった。顔を知っていたのはダファリン卿だけだ。どういうわけか、10年前にタラモアで見た男が、自分の命を救ってくれたのである。

考察

ダファリン卿のおい、ハロルド・ニコルソンは成長してから作家になり、この話を自著で紹介している。しかし実はそれよりも前の1920年に、フランスの心理学者R・ド・マラトレが記事にし、その後『死とそれにまつわる伝説』（1923年）のなかにも載せている。彼はこの話をニコルソンから聞いて知っていたのだ。

この本が発表されてすぐ、パリの『オピニオン』誌のジャーナリスト、ポール・ウーゼーが調査を始めた。ウーゼーは、本の中身は根も葉もない話と噂話ばかりだと言い、特にこのダファリン卿が命拾いした話は事実の裏づけがまったくされていないと一蹴している。その根拠として、

初代ダファリン＝エヴァ侯爵。彼の話は人を引きつけ、アイルランドからフランス、米国にまで伝わり、最後はまた英国に戻ってくるような都市伝説となった。

グランドホテルのエレベーター事故が起きたのは1878年であり、ダファリン卿がアイルランドで男の霊を見たという年の5年前であること、その頃彼はカナダ総督の任にあったこと、さらに、事故の死亡者は一人で、若い女性だったことなどが挙げられている。

1949年11月には、新たな事実が明らかになった。ニューヨークのルイス・ウォルフという人物がロンドンの心霊研究協会（SPR）へ、「ダファリン卿の話の調査」について詳しく教えてほしいと手紙を書いている。SPRの事務員は、協会としては調査していないと返答したが、そのあとで、ダファリン卿の孫娘へその件について手紙で問い合わせた。孫娘によれば、その話を祖父（ダファリン卿）が好んでしていたのは間違いないが、実際には彼の身に起きた話ではなかったという。誰だか友人の一人がグラームス城に滞在していたときに、霊柩車《れいきゅう》がやって来た。それを運転していたのがひどく顔のゆがんだ男だった、ということらしい。

さらに調査を進めると、そっくりな話が、1892年4月16日発行のスピリチュアリズムの雑誌『ライト』に掲載されていたことがわかった。編集長のステイトン・モーゼスが書いたものだ。「これは私の友人に聞いた本当の話だ」。ある若い女性が夢を見る。夢の中で彼女は、家のドアが激しくたたかれているのに気づき、外に目をやると、霊柩車が来ていて、奇妙な風貌の運転手が立っていた。その運転手がこう言った。「まだ用意がお済みでないのですか？」それから何週間かたち、大きな倉庫でエレベーターに乗ろうとした彼女は、操作員の顔を見てがくぜんとする。「まだ用意がお済みでないのですか？」。彼女はエレベーターには乗らなかった。そして「エレベーターは次の階まで昇ったところで突然落下し、その操作員は死んでしまった」

人から人へ伝えられていく間に、この話には少しずつ手が加えられていった。米国の雑誌『プロググレッシブシンカー』に採用され、それを再び1907年2月9日の『ライト』誌が掲載しているのである。主人公はミス・グレイという人物になっていた。ワシントン州からシカゴを訪れている彼女は、新しくできたデパートで買い物を楽しむつもりだった。その前の日の夜、寝室にいた彼女は窓の外に、見知らぬ人の顔を見た。窓から地上までは6メートルほどもあるはずだ。窓辺に行ってみると、外の通りに霊柩車が止まっており、先ほどの男が運転席に座っているのが見えた。男はミス・グレイに向かって手招きをした。

次の日、ミス・グレイがデパートでエレベーターに乗り込もうとすると、ゆうべの男が、もう一人乗れますよと言いながら手招きしているではないか。思わず後ずさる彼女を残し、エレベーターは「降り始めたが、4階辺りでいったん動かなくなったかと思うと、そのまま落下した。二人が死亡し、ほかの乗員も負傷する大事故だった」

この話が形を変えつつ、いまだに語り継がれているということは、それだけ都市伝説というものが人を引きつけるということだろう。そしてここでもう一度、原型となったステイトン・モーゼスの話を思い出してほしい。ダファリン卿は客を喜ばせるために自分に置き換えていたが、モーゼスの話のなかで、すでに「友人」に起きた事件となっていた。

他人の死が見える

場　所○シャルファ（エジプト）
時　代○1942年
報告者○英国空軍G・A・ポッター中佐

これは、第二次世界大戦中、英国空軍のG・A・ポッター中佐がまだ少佐だった頃の話である。その頃ポッターは、東地中海沿岸で魚雷や地雷を扱う爆撃機軍団とともに、地上で管理業務に就いていた。それから30年後、彼が重い口を開いた。

「なぜか私は、『彼ら』のうち誰が死ぬのかわかるようになっていました。思い出すのはある夜、泥酔したカナダ人パイロットが食堂から帰ろうとしないと、副官が報告に来たときのことです。私には突然、彼の運命がわかりました。それで、こう言ったのです。『かわいそうだから放っておいてやりなさい。彼にはあと2日しか残っていない。自分でもそれを感じ取っているのだろう』。そしてやはり2日後に、彼は戦死しました」

ポッターは、当たったのは偶然だと自分に言い聞かせた。飛行隊は爆撃任務中に犠牲者を何人も出していた。「しかし、そんなふうにピンとくることが頻繁にあり、たとえただのカンだとしても、私の『誰が』『いつ』という予想は不思議なほど当たったのだ」

そして彼は、ある日、恐ろしいものを見た。夜遅くに食堂に入っていくと、魚雷爆撃飛行隊の中佐が部下たちに囲まれていた。「いつも楽しげで仲が良く、私は彼らのことが気に入っていました。なかでも、隊長である中佐は背が高く金髪のハンサムで、笑顔も魅力的。その上、勇敢ときて、当然人気者でした。そこへ兵器士官のラム中尉が来て、私は彼に飲み物を勧めました。

彼にグラスを渡していると、中佐たちのドッと笑う声が聞こえてきたので、そちらに目を向けました。そして、私は見たのです。青とも黒ともつかぬ闇の中を、頭と肩だけになった中佐がひどくゆっくり流れていく光景を。皮膚や唇が縮んで歯がむき出しになり、ぞっとするような笑みを浮かべていました。暗い穴が開いているだけの目。緑や紫がかった影で顔がまだらになり、左の耳の辺りは肉がはがれていました」

気がつくと、ラム中尉に話しかけられていた。「まるで幽霊でも見たような顔をしていますよ」。ポッターは、幽霊を見ているんだと中佐を指さしたが、ラム中尉には何も見えないようだった。ポッターは、この件を大佐に報告するべきか悩んだ。しかし、中佐は任務から外されることを望まないだろう。「どんな場合でも未来を変えようとするべきではない、自分のなかではすでにそう決まっていました。私だって、あらかじめ定められた運命のなかにいる一人にすぎないのです」

次の朝、中佐の飛行部隊は基地を飛び立っていった。翌日ポッターの耳に届いたのは、中佐の乗る飛行機が撃ち落とされたが、救命ボートに乗り込む彼や部下たちの姿が目撃されているという知らせだった。「私は心底ほっとしました。しかし、その喜びはつかの間のことで、いくら探しても、彼らのボートは発見されませんでした。私の脳裏に、食堂で見た光景が蘇ってきました。あの青くて暗い闇は、夜の地中海だったのです。中佐は今、闇の中を漂っている。死んでいても、ライフジャケットを着た体は沈まず、水の上に頭と肩だけが出ているのでしょう」

考察

ポッター中佐の話をここで紹介したのは、その真偽について検証するためではない。戦時中に流行し、現代の都市伝説の基になったと考えられる代表的な例だからだ。戦時の極度に緊張した状況では、オカルト的な幻を見ることも大いに考えられるが、このような話がやがて人から人へ広まっていくうちに誇張され、ついには元の話がわからなくなるほど変わってしまうのである。

氷のような女の子

場　所○米国沿岸部
時　代○1950年代
報告者○デビー・クリーシー、シャロン・マクパートランド

その夜、ジョイ・ヘンドリックスと夫、夫の友人の三人は、米国ジョージア州サバンナからダンスホールのある海辺に車で向かっていた。真っすぐな道をしばらく行くと、800メートルほど先に女の子が立っているのが見えた。明らかに乗せてくれる車を待っている。「柔らかそうな白いワンピースと長いブロンドの髪が風にあおられていました」と、後にジョイが語っている。車が目の前に止まると、女の子は海辺まで乗せてほしいと言った。

夏とはいえ肌寒い夜で、ジョイたちはみな上着を着ていたが、その子はノースリーブのワンピース1枚きりだった。「1キロ半も行かないうちに、彼女が暑いから窓を開けてよいかと聞いてきました。少し奇妙な感じはしました。でも、どうぞと言うと、彼女は喜んで窓を開けました」。ダンスホールに誘ってみると、「ぜひ行きたい」と言う。その前に桟橋を軽く散歩しようということになったが、彼女には寒すぎないかということが心配だった。しかし彼女は、暑いくらいだからちょうど良いと平気な顔をし

ローズ・ホワイトの物語も、いわゆる消えるヒッチハイカーの都市伝説だが、「友だちの友だち」の話ではなく、自分の身に起きた体験談というところが特徴的だ。

ていた。

ダンスホールでは、その子と友人がダンスをした。彼女が席を外している間に彼が言った。「彼女の手を取ったとき、氷の塊でも握ったのかと思ったよ。彼女の体もちっとも温かくない。冷たいんだ」。ジョイの夫も彼女と踊ったあとで、同じことを言った。

しばらくして三人が帰ろうとすると、その子も一緒に帰りたいという。すっかり彼女を気に入った友人が連絡先を尋ねると、彼女はローズ・ホワイトという名前と住所などをこころよく教え、訪ねてきてくれるのを楽しみにしているというようなことを言った。そして、最初に会った場所で降ろすように頼み、家まで送っていくというのをかたくなに断るのだった。

次の日、彼女に会いたくてしかたのない友人は、教えてもらった住所にみんなで行ってみようと言う。「前の晩に彼女を降ろした場所へ行くと、案の定、その道が彼女の家に向かう道でした」。そのまま1キロ半も行くと教えてもらった番地に着いた。しかし、そこに建っていたのは修道院だったのである。彼女はここからこっそりと抜け出してきていたのだろうか。だから、車で送ってもらうのをあんなに嫌がったのだろうか。三人は、ともかくドアをたたいてみることにした。

出てきたシスターは三人を見て不安そうな顔をしたが、中へ招いてくれた。そして、「あなたがたは、いつローズ・ホワイトのことを知ったのですか?」と聞く。前の晩に会ったばかりだと答えると、シスターは古いアルバムを棚から取り出し、ローズを探してみるように言った。彼女の写真はすぐに見つかった。その様子を見ていたシスターは、実はローズに会いに来たのはジョイたちが初めてではないと打ち明け、これから彼女のところへ案内すると言う。教えられるままに車で少し行くと、着いたところは墓地だった。シスターは墓の間をどんどん歩いていき、ある墓石の前で止まった。そこには「ローズ・ホワイト」の名前があった。

シスターが言うには、ローズは昔、高校を卒業するというときに亡くなっており、墓に埋葬されたのが昨日と同じ日付なのだそうだ。シスターは言った。「ローズはこれまでにも三度、目撃されています。いつも埋葬されたのと同じ日でした。彼女は15年に一度だけ、戻ってくるのです」

考察

これは、消えるヒッチハイカーもののなかでも比較的早い時代の話で、このあとの話もそうだが、体験した本人が報告している形になっているところが面白い。1971年、ジョイ・ヘンドリックスは米国ジョージア州キャンドラー郡メッターに住んでおり、彼女の話を聞いたデビー・クリーシーとシャロン・マクパートランドが自分たちの本に収録している。

民俗学者のJ・H・ブルンバンは『消えるヒッチハイカー』（1981年）のなかで、この類いの話は、ほとんどすべてにおいて、信ぴょう性が疑われると述べている。何世代もさかのぼって調べてみた上で、ブルンバンは、報告通りの体験をしたという人物を探り当てるのは不可能だと結論づけた。確かに彼は自説を裏づける強力な証拠を提示してもいる。しかし今回の話は、名前も日付も住所さえわかっている。さて、ブルンバンはどのような反応を示すのであろうか。

とはいえ、この話の芽生えとでもいえそうな昔話が、世界中のあちこちで語られてきたことも確かだ。例えばハワイには、籠《かご》を持った老婆の姿で道端に現れるというマウナロア火山の女神ペレの伝説がある。また、マレーシアに伝わる吸血鬼ラングスィールは美女に姿を変え、寂しい道で車が通るのを待つ。うっかり車に乗せると、宙に浮きながら金切り声で叫び出すという。

このあとに紹介するのは、もっとありふれた話だが、状況証拠によってしっかりと裏づけられている。しかし話の形はどれもかなり似ている。おそらく、今回のケースも典型的な都市伝説なのだろう。報告者は実際に何かを体験しているのかもしれないが、それを語るとき、よくある話のひな型に無意識に当てはめてしまったのではないか。

ユニオンデールの幽霊

場　所○ユニオンデール（南アフリカ）
時　代○1978年
報告者○ダウィー・ファン・ヤースフェルト

1978年の春の夕暮れ、南アフリカ軍のファン・ヤースフェルト伍長は、ロウテールボーテールに住むガールフレンドに会いに、バランダス-ウィローモア道をバイクで走っていた。イヤホンでラジオを聞きながら軽快に飛ばし、ユニオンデールの辺りにさしかかった頃、前方の道端に女の子が立っていることに気がついた。黒っぽいズボンに青い服を着たすてきな黒髪の女性で、明らかに乗せてくれる車を待っている。伍長は彼女の前にバイクを止めた。彼女が強盗の片割れである可能性も考え、辺りを見回したが、その心配はなさそうだ。予備のヘルメットを貸して、後部座席に乗るように言い、彼女もラジオが聴けるようにともう一つ持っていたイヤホンも渡した。

数キロほど行った頃、バイクの後ろが変な揺れ方をした。見ると、女の子が消えている。もしや落ちたのではないかと慌てて戻ってみた。しかし、道の上はもちろん、脇の草むらを見ても、そのような形跡はない。しかも予備のヘルメットは、いつもの場所に何事もなかったようにしまわれていた。

事件はすぐに大きな話題になった。シンシア・ハインドとデイビッド・バリットという二人の捜査官がこの件について調べることになった。ハインドは、ユニオンデールのカフェで聞き取り調査を行い、経営者から、事故の直後に立ち寄った伍長がひどくうろたえていたという証言を得ている。ロウテールボーテールでも、彼の取り乱した様子を見たという人が何人かいた。バリットが伍長に1枚の写真を見せると、彼はすぐに、その消えた女の子だと言った。それは22歳のマリア・ルーという女性で、

南アフリカのユニオンデールの近くで、ダウィー・ファン・ヤースフェルト伍長は若い女性をバイクの後部座席に乗せてやった。ところがスピードを出して走行中、彼女は煙のように姿を消した。

1968年4月12日未明に、婚約者の運転する車が道から飛び出し、命を落としている。

そして2年前に、アントン・ラ・グランジュという人物も伍長と同じような体験をしていたことがわかった。アントンが若い女性を車に乗せてやると、ある住所まで行ってほしいと言う。しかし、途中で女性は消えてしまい、住所も存在しないものだった。アントンは運転中に女性の叫び声も聞いている。振り返って後部座席を見ると女性の姿はなく、右側のドアが開いていた。興味深いのは、後ろを走っていたP・C・ポトヒーテルという人物も、アントンの車の後部ドアが開くのを目撃していることだ。やはり彼も女性の姿は見ていないという。

マリア・ルーの写真を見たファン・ヤースフェルトは、すぐに彼女だとわかった。マリアは10年前に、ユニオンデールの近くで起きた交通事故で死亡している。

考察

珍しく、このケースには目撃情報が多く、推定ではあるが霊の身元も割り出されている。ユニオンデール

――の近くの道路で、何人ものドライバーが似たような体験をしている。――

消えたのか、それとも……

場　所○スタンブリッジ（イングランド、ベッドフォードシャー）
時　代○1979年10月
報告者○ロイ・フルトン

ロイ・フルトンが、道端で乗せてほしいと合図している人影を見たのは、1979年秋の霧深い夜だった。場所はベッドフォードシャーのスタンブリッジ村近く。ロイは地元のパブでダーツを楽しんできたところで、店では2杯しか酒を飲まなかったと言っている。立っていたのは青白い顔をした若者で、暗い色のズボンに白いシャツ1枚きりという格好だった。フルトンが車を止め、行き先を聞くと、彼は、その先のダンステブルの方を指しただけだった。青年が何もしゃべらず、ぼんやりしているように見えたので、言葉が不自由なのか、何か精神的に混乱しているのだろうとフルトンは思った。しかし、車の後部座席に乗るように合図をすると、青年は黙って乗り込んだ。時速約65キロのスピードで何分か車を走らせたあとで、フルトンは「タバコを勧めようと後ろを向きました。すると、そいつが消えていたんです。慌ててブレーキをかけて、改めてちゃんと見ました。やっぱり、いない。私は震えながらハンドルを握り、車を飛ばして逃げ帰ったんです」

フルトンはすぐに警察に駆け込み、一部始終を訴えた。警官も、あとで取材にきた地元の『ダンスタ

怖がっているのはドライバーかヒッチハイカーか。乗せたはずの男が消えたと知って、ロイ・フルトンは恐ろしくなった。しかし、その男はそもそも車に乗らなかったのかもしれない。きっとロイのことが怖かったのだ。

ブル・ガゼット』紙の記者も、フルトンの話を疑わずによく聞いてくれたが、かといってほかに何をしてくれるというわけでもなかった。それでもフルトンは自分の考えを捨てられずにいる。あの日、確かに誰かを自分の車に乗せた。その人は、車がけっこうなスピードで走っているにもかかわらず、跡形もなくシートから消え去ったのだ。

考察

この話も、体験した本人が証言している。しかし、男が消えたと言っているのはフルトン一人で、ほかに目撃者はいない。フルトンが乗せてやるという合図をしたあとに、ドアを開けた若者が思い直して、乗らずに閉めたという可能性も十分にある。そのまま気づかず走り出したのだとしたら、フルトンが振り返り、あっと驚くのも無理はない。

タイムリーな警告

場　所○パラバ＝レ＝フロ（フランス、モンペリエの近く）
時　代○1981年5月20日
報告者○ヒラリー・エバンス

1981年5月20日の夜遅く、パラバ＝レ＝フロというビーチで遊んだ2組のカップルが、モンペリエへ帰ろうとしていた。車は2ドアのルノー5（サンク）で、前の座席に男二人、後ろに女二人が乗り込んだ。海を背に少し走ると、道の脇に白い服を着た少女が立っている。車は四人乗りなのだが、こんな時間に一人でいるのは危険だと思い、運転していた若者が車を止めた。

彼がモンペリエまで帰るところだというと、少女は何も言わずにうなずいた。助手席の青年がいったん降りてシートを前に倒すと、その子は後部座席に乗り込み、女性たちの間になんとか落ち着いた。車が再び走り出しモンペリエへ向かっていると、少女が突然大声を上げた。「曲がり角に気をつけて！死にたくないでしょう！」　運転手がスピードを落とすと、後部座席の女性たちが悲鳴をあげた。注意を呼びかけるのと同時に、女の子の姿が消えたのだった。

あの状態で、少女が降りるのは不可能だったが、慌てた四人は車を止めて辺りを探し回った。そして訳のわからないまま、モンペリエ憲兵隊のロペス調査官へこの出来事を報告した。ロペスは、後にこう話している。「彼らのうろたえぶりを見れば、本当のことを言っているのだとすぐにわかりました。それで、私たちもすっかり恐ろしくなったのです」

考察

ヒラリー・エバンスは、彼の本『幻、幽霊、宇宙人』のなかで、このモンペリエの話のほかにも、よく似た話を紹介している。それはモンペリエから遠く離れたバニェールで1976年に起きた事件だ。この時も2ドアの車で、二人組の若者が街から出ようとしているところだった。

やはり助手席の若者が、女の子を後ろの席に乗せるために、一度降りてシートを前に倒している。そして、女の子が、前のカーブで何度も事故が起きていて危険だから気をつけるようにと強く言う。彼女を安心させるためにスピードを落とし、車はゆっくり走った。数分後、若者が肩越しに声をかけた。「どうです、お嬢さん。あそこで何人死んだか知りませんが、私たちは大丈夫でしたよ」。答えがないため、二人が後ろに目をやると、後部座席には誰も乗っていなかった。

しかしこの話のソースがはっきりしない。おそらくフランスの『闇の中の光』という雑誌に掲載された話を基に、同じような話がいくつも生まれたのだろう。ヒラリー・エバンスによると、話に出てきた辺りは整備され、安全な道になったという。今もヒッチハイカーの霊が現れているかは、わからない。

付　録

付録1

大昔の人々にとっての霊とは

死者は生き返るか。それは、私たちがはるか昔から抱えてきた疑問であり、初期の神話や伝説などは、その答えが核心に描かれているものがほとんどである。

多くの宗教の原型ともいえるアニミズム信仰は、木や石、山、川、湖などあらゆるものに精霊が宿っているとした。人々は精霊に呼びかけ、その力を敬ったり、鎮《しず》めたりしてきた。そのうち、大勢の精霊たちにも力の強さによる階層があり、上位には優れた神々がいるという考えが生まれた。そして、ついには唯一神が生まれ、ほかの精霊はそれに従属するものとして扱われるようになる。

ではこのなかで、人間はどういう位置づけになるのか。人間が魂を宿しているのは明らかだ。宗教的な思想の体系ができ始めたばかりの頃でも、人の魂は死ぬと体から解き放たれ、ほかの魂たちと交わるようになると信じられていた。

しかし、初期の宗教では、人間の魂が体から離れたあと遠い天国のようなところへ行くとは教えていなかった。例えば、アフリカに古くから伝わる信仰では、人の死を自然に訪れるものだと捉えていない。死とはただ、他人や悪い考えを持った精霊などに「邪魔」をされて、魂が体の中にとどまっていられなくなる状態であり、そのため死者はいなくなるわけではなく、魂だけになって、そのまま自分たちの社会に参加し続けると考えていた。

このような信仰を持つ人々は祖先の霊を「崇拝」するというよりも、彼らの幸せを願い、自分たちに

悩みがあれば相談したり、頼み事をしたり、時には彼らと言い争うことさえあった。死者の霊は、生前に住んでいた家やよく出入りしていた場所にいるとされ、そこへ行けば呼び出したり、助言を求めたりすることができると信じられていた。

危険な霊

けれども原始的な宗教がすべて、霊を親しみやすい存在だと考えているわけではない。南米のジャングルに住む部族のなかには、死者の霊魂は人に敵意を持っているものと考えている部族もある。死が霊魂を悪意に満ちた危険なものに変えてしまうため、鎮めなければならない。家族のなかに死者が出れば、その霊がどこかへ行ってしまうようにまじないを唱える。遺体を遠く離れた場所に埋葬することもある。家に戻る道をわからなくするためだ。

古くから伝わる神道とともに仏教が信じられてきた日本でも、幽霊に対して同じような捉え方をする人もいる。

アフリカのサン人も、幽霊を恐れている。霊が抜け出て人に危害を加えないように、遺体の上に重い石を積み重ね、さらに土を盛って塚を作る。

吸血鬼

東南アジアの一部の地域では、幽霊は悪いものとされている。普段、その姿は見えないが、現れるときには大きく恐ろしい姿をしているという。腹をすかせた凶暴な霊は死者の肉を食べ、時には吸血鬼のように生きている人間を襲うこともある。子どもは特に狙われやすい。また、疫病が流行するのも彼らの仕業といわれている。

人食い幽霊信仰の裏には、ニューギニア高地に最近まで残っていた古くからの習わしがあるのかもしれない。戦いで死者が出ると、弔いの儀式としてその戦士の肉を食べるのが、親族や友人の義務だった。そうすることで故人の勇敢さが受け継がれていくという原始信仰があったのと、死んでからも戦闘の際に味方についてもらうために魂を喜ばせる必要があると信じられていたからだ。

またこれはほかの文化圏でも見られることだが、死んだばかりの魂は自分の家から離れたがらないと考えられている。幽霊となってそこにとどまり、家族を見守り続けたいのだ。時には、ちょっかいを出して家族を驚かすこともある。災いが起きると、少し前に亡くなった男の親族のたたりだとすることもある。祖先の霊は、時間的な隔たりが遠いほど親切だが、その分、力も小さくなるとされた。とはいえ収穫を祝う祭りには豚を殺し、その魂をしかるべき祖先に捧げてきた。

米国先住民の多くは死者の霊魂を身近に感じながら平和に暮らしていたが、ナバホ族は、悪さをするものとして嫌っていた。年老いて死んだ者や生まれてすぐに死んだ子どもは別として、死者は必ず悪霊になるのだという。悪霊は、他人や動物などに姿を変えて、時には真夜中の口笛の音になって帰ってくる。そして、疫病をもたらすなど悪事を働き、それを見た者には必ず死が訪れるという。

ブードゥーの精霊

西アフリカから奴隷としてハイチに連れてこられた人々は、苦しい暮らしをしながらも自分たちの信仰を捨てなかった。その信仰は、彼らの言葉でスピリット（精霊）を表すブドゥンから、「ブードゥー」教と呼ばれるようになった。1790年代にトゥサン・ルーベルチュールが主導し、奴隷解放を成し遂げたハイチ革命は、ブードゥー教の祈りがあったからこそ成功したともいえ、そのためブードゥー教は今でも根強く信仰されている。子どもたちは、頭を濡らしたままにしておかないよう、特に露には気をつけるようにと教えられる。水はスピリットを引きつけ、人の魂は頭に宿っていると信じられているためだ。夜には悪いものたちの力が強くなるから、家の中に入り込まないように、ドアや窓はかたく閉ざされる。しかし、子どもの血を吸うルーガルーは、屋根を通り抜けることができる。また、悪い子どもを連れ去ってしまうトントンマクートという鬼もいる。このトントンマクートだが、大人にとっても恐ろしい現実の怪物になってしまった。パパ・ドクとして知られるフランソワ・デュバリエ政権（1957～1971年）が、反体制派へのテロを行う傭兵集団に、その名をつけたのである。

優しく助けてくれたり、意地悪で卑劣なことをしたり、大昔から幽霊は世界中の人々の信仰のなかに存在し続けてきた。

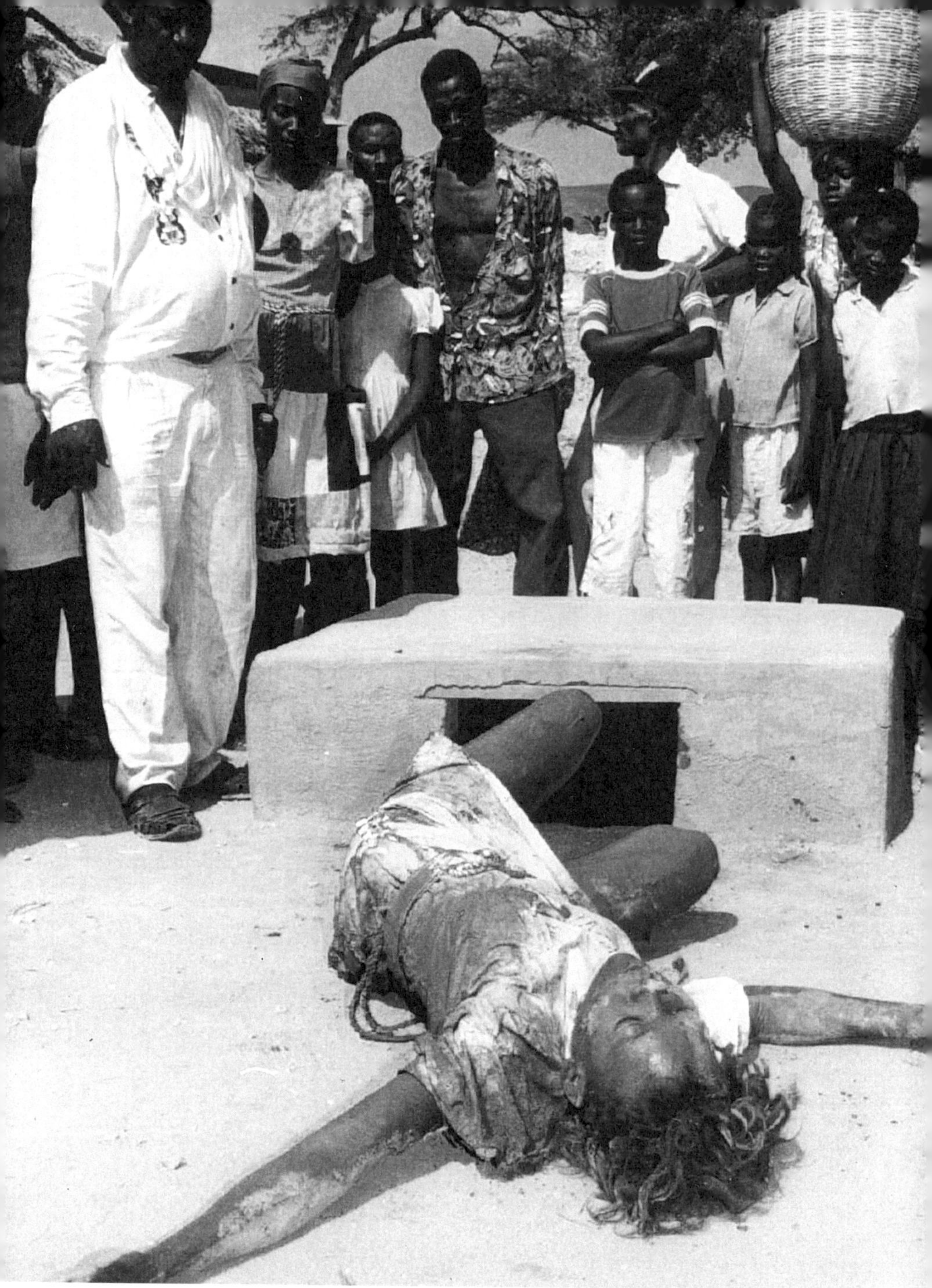

ブードゥー教のなかでも最も恐れられているものが、ボコールと呼ばれる魔術師に操られた「ウォーキングデッド（歩く屍《しかばね》）」、いわゆるゾンビたちだ。

付録2 霊魂と霊界

ネクロマンシーとは、死者を呼び出す降霊術のことで、昔から「黒魔術のなかで最も邪悪なもの」とされてきた。15世紀から16世紀にかけて、この術を行うために墓から死体が掘り出されるということがよくあり、1542年に制定された妖術禁止法では、「法に逆らい、霊を呼び出すまじないを唱える者」を糾弾している。したがって、「この世を去った人たち」との交流を前提とするスピリチュアリズムも、存続していくためには自分たちの教会を持ち、儀式の形を整えていくなどして、一つの宗教として国に認められる必要があった。

17世紀のデカルトに始まった18世紀の「啓蒙の時代」には、機械論的な自然観が花開くが、それへの反動がかえって近代スピリチュアリズムを発展させることとなった。キリスト教はその教義と、宇宙の始まりや構造そして進化論などとの間に折り合いをつけることができず、混乱のなかにあった。人々は、ハムレットのように「天と地の間には、哲学などでは探求できないようなものがある」と感じていた。教会からは救いを得ることができず、キリスト教以外の、死後も人格を保てると約束してくれる信仰へと流れていった。

今日のスピリチュアリズム運動をたどっていくと、そのきっかけを作ったのは1849年に活動を始めた米国ニューヨーク州ロチェスターのフォックス姉妹だということがわかる。姉妹が起こしてみせた心霊現象が本物かどうかはさておき、霊媒という疑似科学は世間の関心を集め、欧米を中心に一大ブー

ネクロマンシーは何百年にもわたって禁止されてきた降霊術だ。エリザベス１世に寵愛《ちょうあい》された占星術師ジョン・ディーには、さまざまな伝説がある。この絵では、ジョンとアシスタントのエドワード・ケリーが墓から死者を呼び出している。

ムを巻き起こした。フォックス姉妹のデモンストレーションを見た人たちや噂を聞いた人たちは、自宅で降霊会を開くようになり、愛好家の集まりが各地にできて、それぞれに成長していった。

英国でのスピリチュアリズムの歴史は、1852年にミセス・マリア・B・ハイデンという米国人霊媒師が持ち込んだことに始まる。1865年には進歩的スピリチュアリスト協会という最初の団体が、ダラム郡ダーリントンで設立された。その後、全国的な組織を設立しようという長年の努力の末に、1902年、英国スピリチュアリスト連合（SNU）が設立され、英国で最も大きな組織となった。20世紀の半ばまでは米国と英国がスピリチュアリズムの中心であり続けたが、最近では、ブラジルを初めとするラテンアメリカの国々で急速に運動が広まっている。スピリチュアリズムと、米国先住民の宗教やアフリカから持ち込まれた民間信仰との相性が良いためである。

もともと心霊現象への関心から始まったスピリチュアリズムだが、次第に宗教のようなものへと変容していった。スピリチュアリストたちは、キリスト教に代わる信仰の体系を模索するようになり、霊界との交流に適した環境を作るためと称してミサのようなことも行うようになった。実際、キリスト教とかなり似てきており、1870年代までには多くの組織が「教会」を名乗るようになっていた。

スピリチュアリストたちが信じているものは何か。一概には言えないが、だいたい共通しているとみられる信念がある。それは、人間は二つの要素、滅びる運命の肉体と、永遠にあり続ける魂とでできているということである。人は死ぬと、魂が肉体を離れて「霊界」へ入る。そこには七つの界層があり、一番下が地上である。その次は「サマーランド」と呼ばれることもある界層で、ここは地上ととても似ているが、痛みや苦しみがない。そして地上よりも、霊的な進化を遂げるチャンスがある。

悪人のまま死ぬと、霧に閉ざされたリンボ（辺獄）のようなところをさまようことになる。スピリチュアリストの団体のなかには、そのような迷える魂を悔い改めさせるために「救済サークル」を結成しているところもある。物質的な物に執着しすぎると、魂は地上から離れることができない。その魂が、人の目には幽霊に見えるのだと、スピリチュアリストたちは信じている。

霊界からのメッセージ

死者との交流を図る実験が、心霊研究協会（ＳＰＲ）のメンバーによって行われた。参加者は、自分の死後、生きている仲間にメッセージを送ろうと試みる。信ぴょう性を高めるために、送るメッセージは小分けにして、すべてがそろわないとその意味するところが明らかにならないようにする。参加者には、著名な古典学者のＦ・Ｗ・Ｈ・マイヤースやエドマンド・ガーニーがいた。二人とも、ＳＰＲの設立に重要な役割を担った人物だ。その後、古典学者のヘンリー・ブッチャーとやはり古典学の第一人者であるＡ・Ｗ・ベロール博士も加わった。この実験で得られた霊界からのメッセージは、「交叉《こうさ》通信」と名づけられている。

メッセージは詳細に記録されているが、古典文学の引用が大量に含まれ、しかも明瞭とはいえず、読み解くのが難しい。メッセージを送って寄こすのに苦心している様子も読み取れた。初期に送られてきたメッセージに次のようなものがある。

１９０７年4月16日、インドにいたフレミング婦人はプロの霊媒師ではなかったが、自動筆記を始めている。「モーリス。モリス。モルス。そして、死の影は彼に取り憑き、彼の魂は体から離れていった」。モルスとはラテン語で「死」の意味を表す。

スピリチュアリズムの高まりと写真技術の発展は無関係ではない。これは、降霊会に現れた霊が写り込んだ「心霊写真」で、1897年にリチャード・ブールスネルが撮ったものとされている。

翌日はイングランドで、今回の件でただ一人プロの霊媒師だったレオノーラ・パイパーという米国人が、トランス状態から覚めたあとに、ポツポツと言葉を発した。「サナトス(Sanatos)……、タナトス(Tanatos)」。その1週間後に、「タナトス(thanatos)」。つまり、ギリシャ神話の「死」の神のことだ。

4月29日には、ベロール夫人が自動筆記をしている。「人生という火で両手を温めた。それが消え、いつでも旅立つ覚悟ができた」と、正確ではなかったが、ウォルター・サベージ・ランダーという作家の言葉で始まった。次に、ギリシャ文字のデルタ。その意味するところも霊や魂である。そして夫人は、初代ローマ皇帝アウグストゥスのおいの死を描いた、ウェルギリウスの叙事詩アエネイスの一部をラテン語で書き、そのあとに、シェークスピアの十二夜の歌から冒頭部「来たれ、来たれ、死よ」と続けた。最後は、古代ローマの詩人ホラティウスの死に関する詩を、長々とラテン語で書き出している。

これらの例は、個別に見れば特に説得力があるようには思えないかもしれない。彼女たちに、故人が送りそうなメッセージを用意する時間はたっぷりあったはずだ。しかし、全体で「交叉通信」のつじつまを合わせるのは、そう簡単ではない。残念なのは、もし本当にマイヤースたちの霊がこの実験に参加していたとしても、スピリチュアリズムの信条である人と霊との交流を裏づけることも否定することもできないらしいことである。

マイヤースの霊とされるものは、最後にこう伝えてきている。「メッセージを送る難しさを例えるなら、見通しも音の通りも悪いすりガラスの後ろから、やる気がなく察しの悪い書記に向かって、弱々しく指示を出しているようなものだ。どうしようもない無力感に襲われている。私には、言いたいことをうまく伝える力がない。私の言うことを理解し信じてくれる人と交流することができないのだから」。そういうわけで、実験は打ち切られることとなった。

付録3 幽体離脱と臨死体験

生きている人の霊が目撃されることについて研究者たちは、「幽体離脱（アストラルプロジェクション）」ではないかと考える。

そのような体験をしたことのある人はかなり多い。オックスフォードの精神物理学研究所の最初の調査に寄せられた報告は400件以上にのぼり、それらは大きく二つに分類され、「パラソマティック」と「アソマティック」と呼ばれている。

パラソマティックタイプとは、体験者が自分の肉体そっくりな「複体（ダブル）」の中にいると認識している状態だ。「この二つめの体を見下ろすと、実体をそっくりそのまま複製したようなものだった。私は服に手をやり、じっくり観察してみた。黒のスカート、白地に赤い水玉模様のブラウス、靴まで同じですっかり驚いてしまった。体や服の生地の感触も覚えている。しっかりとした質感があった」

もう一方のアソマティックタイプは、体を持たない意識だけの自分が、離れた場所から自分の肉体を眺めるという体験である。意識が体から離脱した状態。「ピンポイントの存在」と呼ばれることもある。たいていは、離脱している間も、自分の肉体は普段と同じ通りに行動し、それを意識が外から見ている。例えば、ある歯科医の体験談では、自分の肉体が患者の歯を抜いているところを、左後ろ1メートルの位置に立って見ていたという。

このような体験はせいぜい一度か二度くらいで、そうめったにあるものではない。ところが、自分の

自身の「アストラルプロジェクション」体験についての記述のなかで、シルバン・J・マルドゥーンは、アストラル体がコードによって肉体とつながっている状態を図解している。

好きなときに幽体離脱ができるという人もいる。方法はさまざまなようだが、共通しているのは、まず体をリラックスさせる。精神を集中させて瞑想する。それから、「明晰夢《めいせきむ》」を見る。明晰夢とは、夢の中で自分は夢を見ていると気がついている状態のことだ。

驚くことに、この「アストラルプロジェクション」を行っている人々は、体から離脱して、どこか知らない場所へ「流れて」いき、戻ってきてから、その場所の様子を詳しく語ることができるという。そしてその情報は、実際にその通りであることが多い。これは、一種のテレパシーと考えられるかもしれないが、さらに不思議な体験もしている人もいる。「アストラルトラベラー」は、友人の寝ている部屋に入っていき、テーブルの上や棚の中の物を荒らすことができるというのである。それだけでなく、会話を交わすことさえあるらしい。

普段の生活のなかでふいに幽体離脱を経験している人が多いようだが、なかには、心や体に危機が訪れたときに体験する人もいる。離脱中は、たいてい気持ちが穏やかで、楽しく、時には胸が高鳴るほどワクワクした気分になることもある。「そのときの私は素晴らしい気分でした。爽快で、力が湧いてきて、それまでで一番幸せだったのです」

ここで思い出すのが、いわゆる「臨死体験」だろう。近年、蘇生術が発達したおかげで死の淵から生還する人が増えた。短い時間にせよ、臨床的には彼らは死んでいたことになるのだが、その間もしっかりと意識があったという人が多い。

あるときの「アストラルプロジェクション」で、シルバン・J・マルドゥーンは見知らぬ女の子の家に行った。数週間後その女の子に出会い、彼は家の様子を言い当ててみせたという。

光に導かれて

初めに感じるのは、とても穏やかな状態であるということ。蘇生を試みている皆の慌てぶりとまったく正反対である。そのあと、たいてい幽体離脱が起こる。患者は自分の意識が体から離れ、上方をふわふわと漂いながら、自分の体とその周りで起こっていることを見下ろしている。そして、暗いトンネルの中を明るい光に向かって、すごいスピードで進んでいく。痛みや苦しみもなく、多くの人がうっとりとした気分だったと報告している。

そしてその次に起こることは、死後の世界や、さらには幽霊が存在することを示す確かな証拠であるといわれている。難しいのは、それらがすべて患者の口から語られた体験談でしかないということだ。死後はこうであってほしいという期待で色づけされていることは否めない。

どういうことが起きるかというと、愛情や慈悲のオーラを発している人影が見えたり、美しい庭や「光の都」を訪れたり、それまでの人生が短い映画のように目の前に映し出されたりする。「すべての知識が時間も空間も超えて同時に存在している」もう一つの現実世界が見えることもある。そして、死んだはずの親類や友だちに再会し、そんなに急いで来ることはないのだから地上に戻りなさいと諭され、せっかく生還するが、あちらのほうが良かったと思うこともあるようだ。そういう臨死体験をして、その後の生き方を、特にスピリチュアルな方向へ変える人も多い。しかし、死後の世界が本当にその通りなのかは、死んでみなければわからない。

付録4 あの世からの創作、オートマティスム

ベートーベンは今でも交響曲第十番に取り組んでいるのか。アインシュタインは宇宙の謎を解き明かそうと考え続けているのか。ピカソの頭の中にはまだイメージが渦巻いていて、それをキャンバスにぶつけたくてうずうずしているのだろうか。

そのようなことを思うのは、オートマティスムという不思議な心霊現象を目の当たりにしたからだ。芸術作品、例えば絵画や楽譜、小説、詩、哲学の本などを、自動で生み出している。

オートマティスムとは、人が自分の意識の外で作品を生み出す現象のことをいう。心理学では、この

セントルイスのパール・カラン夫人は25年近くも、「ペイシェンス・ワース」の詩や戯曲、小説を自動筆記で世に出し続けた。

夢遊病や記憶喪失、チック症状、多重人格障害、異言、トランス障害などに見られる「解離」状態とよく似ており、心理学ではそこに明確な線引きはしていない。しかし、オートマティスムで作品を作る人々と彼らを支持する人々は皆、芸術家の霊と直接コミュニケーションを取っていると信じて疑わない。

オートマティストのなかには、深いトランス状態で作品を作る人たちがいるが、彼らは自分のしていることを少しも認識していないという。そのほかに、トランス状態とはいえないまでもそれに近く、ウトウトした状態の人もいる。目覚めてはいるが自分の世界に引きこもっている人、十分に意識があり、手を動かしながら会話までできる人もいる。そして、手を動かしているという認識にも、大きな差がある。手を動かしていることをわかっていて、何を作ろうとしているのかまで言える人、手が動いているのはわかっているが、何が生まれてくるのかはさっぱりといった人、手が動いていることに気づいてさえいない人までさまざまである。

古代ギリシャのデルフォイの神託に始まり、預言者の残した数々の預言の書のことはさておき、自動筆記で書かれた初期の書物といえば、英国スピリチュアリズムのバイブルとされるW・ステイトン・モーゼスの『霊訓』（1883年）や、W・T・ステッドの『死後』（1897年）などが挙げられる。しかし、この辺りのものは、心理学者のウィリアム・ジェームスが、「哲学の水割りのようにひどくぼんやりしていて、あたかも霊のメッセージの半分以上を作家自身が創作したかのようだ」と批評しているように、後世になって書かれたものとはだいぶ違っている。

ペイシェンス・ワース

例えば「ペイシェンス・ワース」のケースは複雑で、80年以上たった今でも的確な評価が下されていない。事の始まりは1913年5月、米国のセントルイスでのこと。パール・カラン夫人が友人たちと気晴らしにウィジャボード（こっくりさんのようなもの）で遊んでいると、文字盤の指示器が「PaT－C」の文字を繰り返し指し示し始めた。指示器は、その1カ月後には「おお、なぜ汝の心を悲しみで鍛えるのか。汝の胸はその養母にすぎず、世界はそのゆりかごに、温かい家庭はその墓所にすぎない」という言葉を示している。印象的ではあるが、意味が取りにくい。そして7月8日、メッセージの送り主は「ペイシェンス・ワース」だと名乗っている。

それから約25年間、カラン夫人はペイシェンスの媒体として代わりにペンを持ち、執筆活動の手伝いをし続けた。個人的なメッセージなどは地方の方言や古い英語が使われていることもあり読みにくかったが、作品には文学性の高いものが多かった。ペイシェンスは自分のことについてはあまり教えたがらなかった。それでも17世紀に英国のドーセットで生まれたクエーカー教徒の女性であること、一家で米国へ移住してまもなく、米国先住民に襲われ死んでしまったことなどを語っている。

ペイシェンスがカラン夫人を通して世に送り出した作品は、膨大な数の詩のほかに、戯曲、2本の長編小説など。最初の小説『悲しい物語』（1917年）は、毎晩机に向かい、完成までに2年かかっている。キリスト時代のエルサレムが舞台で、ローマ人やユダヤ人の習慣はもちろん、キリスト教の宗派や当時の政治、出来事、慣行、エルサレムの街並みまで詳細に描かれている。

二つめの小説『ホープ・トゥルーブラッド』（1918年）は、ビクトリア朝イギリスの、父親のいない家庭で育った少女の感動的な物語になっている。これは米国だけではなく、英国でも刊行された。その際、自動書記で書かれたということを公表していなかったが、「秀逸な作品である。優れた登場人物たちは堂々と描かれており、6編の小説はどれも読み応えがある」などと評された。そして叙事詩『テルカ：中世イギリスの牧歌』（1928年）は、6万語からなる大作である。

ボストン心霊研究協会のウォルター・フランクリン・プリンスが、カラン夫人とその著作物について調査をしている。彼は、語彙《ごい》も知識も不十分なカラン夫人が自力でこれらの作品を紡ぎ出せるとは考えられず、また、読書量もそれほど多くないことから、昔読んだものを無意識に再現するということも不可能であるという結論を出した。

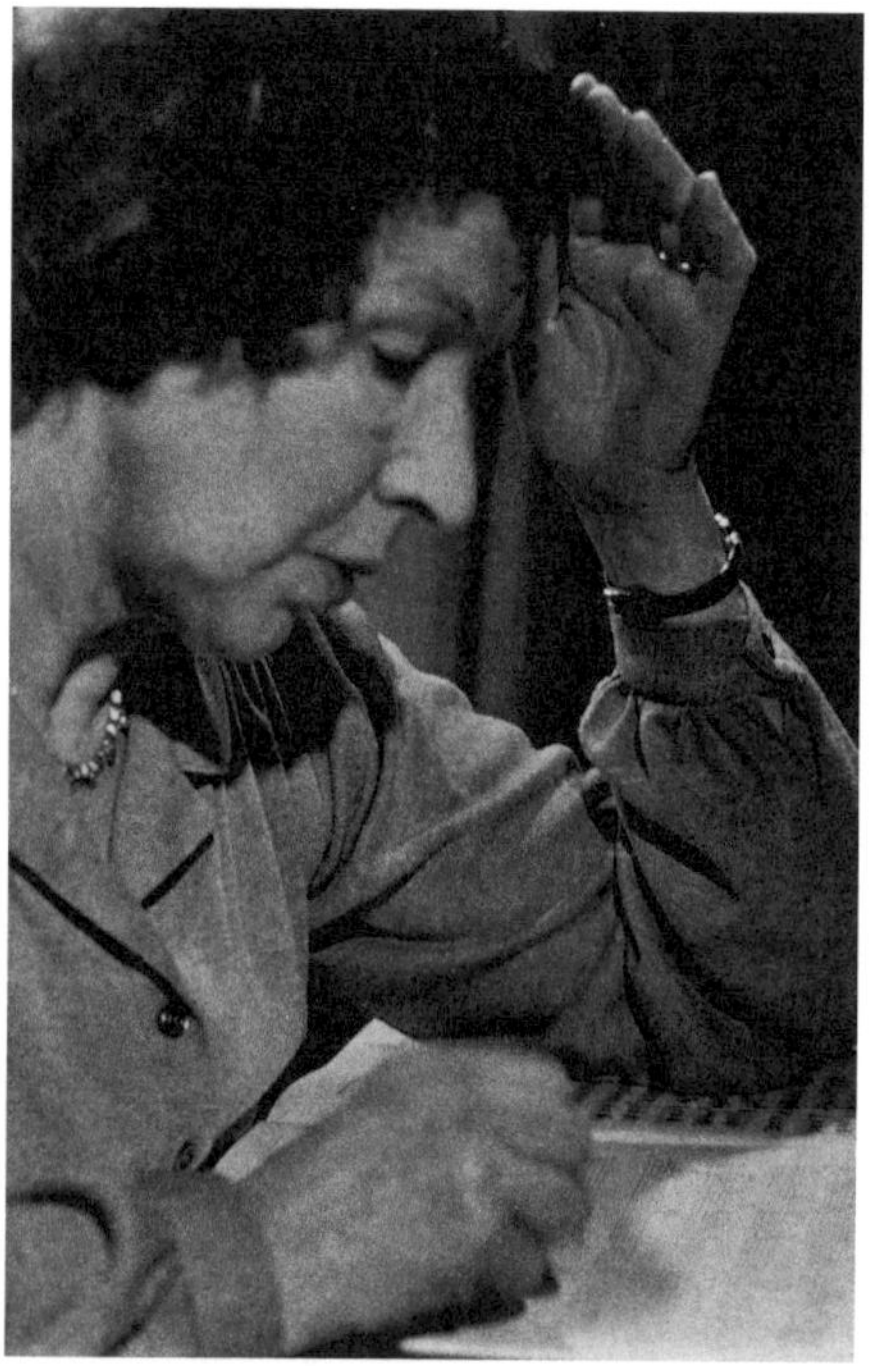
マズルカの楽譜を書くローズマリー・ブラウン。ショパンの霊から託されたのだという。

オートマティスムで書かれた文学のなかでは、「ペイシェンス・ワース」の作品が抜きん出ているが、ほかに例を挙げるとすれば、ジェラルディン・カミンズ（『ネロが暴君だったころ』1939年）やフランシスコ・カンディド・シャビエルなどだろう。

音楽の分野では、ロンドンのローズマリー・ブラウンが自動記述で多くの楽曲を残している。それまで一人の主婦にすぎなかったローズマリーが、リストやベートーベン、ブラームス、ドビュッシー、ショパン、シューベルト、ストラビンスキーなどの表現方式で（ローズマリーが言うには、彼らが彼女の手を借りて）、数々の新曲を発表した。プロの楽家たちも、非常に感銘を受けたとコメントしている。1980年10月には米国のテレビ局が取材に訪れ、彼女はカメラの前で楽譜を書いて見せた。マズルカ変二長調というその曲は、ショパンの霊から託されたものだという。

オートマティック・ドローイング

絵画のオートマティック・ドローイングは、美術用語として使われることもあり、やや異なるカテゴリーに入れられる。たいていの人は、古今東西の芸術家の絵画の複製をたくさん目にしてきているから、ありのままを見る能力、つまり「目」さえあれば、自分も有名な作品の複製画を上手に描けると思うかもしれない。プロのアーティストも、潜在意識の記憶の中にある完全なイメージ（「直感像」）をただ物理的に再現する技法として、このオートマティック・ドローイングを取り入れることがあった。

確かに、1970年代、当時10代の英国人霊能者マシュー・マニングが自動記述で描いたとする作品なども、その説明で事足りるようだ。それらの作品には有名画家のサインがしてある。デューラー、ビアズリー、クレー、ピカソ、ダ・ヴィンチ、ビアトリクス・ポターのものまである。霊感を与えたという芸術家の表現に極めて近い彼オリジナルの作品もあるが、多くは上手な（正確とまではいえない）複製画だ。デューラーの有名なサイの木版画も、細かい部分までデューラーの技法に似せてはいるが、明らかに素人の絵だとわかる。そして、どこから見てもラウル・デュフィの表現で描かれたクレヨン画に、なぜかモネのサインが入っている。

ブラジル人のルイス・ガスパレットの描く作品は、またまったく異なっている。マニングは静かに座って、細部までしっかりと計算された絵をスケッチブックに描くのだが、ガスパレットはまるで半狂乱のようになって、両手ですくった絵の具をキャンバスに塗りたくり、わずか1~2分で作品を完成させ、「ファン・ゴッホ」などとサインを入れる。ところが、ゴッホはこのような署名をしたことがない。いつもただ「フィンセント」とだけ入れていたのである。

彼らはオートマティック・ドローイングの「スター」のうちのほんの一握りにすぎないが、トランス状態であるかどうかにかかわらず、潜在意識下に湧いてくる絵や文字を自動記述する人たちはどこにでもいる。過去の有名な芸術家からのイメージではなくても、大勢のオートマティストが無意識に手を動かしながら、誰かのために亡くなった家族の肖像画やメッセージなどを書いている。

彼らが詐欺をしていると言いたいのではない。基準はそれぞれだが、実際、意識的に手を動かすよりも格段に質の高い作品が生まれることも多い。それに、彼らは純粋に、死者の霊とやり取りをしていると信じているのである。

付録5

つまるところ、幽霊とは？

幽霊とは何か。スピリチュアリストはもちろん普通の人々にとっても、その答えは簡単だ。幽霊とは死者の魂で、まだ上の界層へ「渡っていない」か、生前暮らしていた場所へ「戻ってきた」もののことである。

一方、物理学者にとっては、この質問はなかなか答えにくい。ある科学者が観察して得た結果は、同じ条件下で技術と設備さえ整っていれば、別の科学者が行っても同じ結果になるというのが科学である。幽霊はカメラで確実に捉えるということができないし、ポルターガイストの音はたとえ録音できても状態が悪くきちんと分析できることがない。それに、指定した時間に現れて、わかりやすく物理的な心霊現象を起こしてくれるように頼むこともできない。

それに加え、今ある、物質の性質についての理論では、幽霊を的確に説明できるものがないため、科学者の反応はだいたい決まってくる。説明できないのならば、それは存在しないと考えるべきである。

幽霊とテレパシー

心霊研究協会（ＳＰＲ）は、この問題に対し先入観を持たない科学者たちが長年所属していることもあり、割と中立の立場を取ってきた。ＳＰＲは数々の心霊現象を調査するかたわら、テレパシーによ

古典文学者として知られ、心霊現象研究協会の創立にも関わったF・W・H・マイヤースは『人間の個性とその死後存続』（1903年）を著している。また死後も、この世へメッセージを送り続ける「交叉通信」実験の参加者として大きな役割を果たした。

るやり取りが可能だということも証明しようとしてきた。まずは「幻影（ハルシネイション）」が、「感受性のある」人から「感受性のある」人にテレパシーによって送られたイメージなのかを確かめようとした。

そもそもテレパシーというものが本当にあるのかという疑問もあるが、ここでは論じない。しかし、エジンバラ大学の超心理学部で行われたものをはじめ、数多くの公正な実験から、人と人の心の間で、ある種の非物質的なコミュニケーションが行われることがあるという説を裏付けるような結果が得られている。

しかし、ここで興味深い問題に突き当たる。それは、1894年にSPRがハルシネイションに関する調査を行ったときにも悩まされていた問題だ。報告されたハルシネイションの多くは死んだ人の姿であり、それは目撃者とコミュニケーションを取りたがっているように見えたという。目や耳を使わないコミュニケーションを生きている人間同士で交わすことができると仮定するのはまだしも、死んだ人とも同じように仮定することができるのか。

この問題については、SPRの創設者の一人、F・W・H・マイヤースが、著書『人間の個性とその死後存続』（1903年）のなかで、その後、G・N・M・ティレルが『人間の個性』（1947年）のなかで扱っている。私たちは皆、自分たちが存在していることを意識している。これはほかの生物、植物や動物は持っていないだろうと思われる意識である。この自分が存在しているという感覚は、体、つまり脳の通常の働きとは独立しているようであり、そこから魂という概念が生まれている。魂、心、人格とさまざまに呼ばれているが、この独立した存在は死後もあり続け、生前と同様の超自然的な方法でコミュニケーションができるというのである。

航空エンジニアのJ・W・ダン。彼が時間の性質について素晴らしい理論を打ち立てたおかげで、心霊現象もうまく説明できるかもしれない。

では、それはどこに、どうやって、あり続けるのか。自身の経験から、幽霊やテレパシーなどの心霊現象を信じていたカール・ユングは、全人類の共有する「集合的無意識」というものがあり、そこに一人一人の「記憶（メモリー）」の集合体が保管されると唱えている。

しかしユングの説だけでは、多くの幽霊は時間をかけてだんだん消えていくように見えるのに、死の瞬間や直後にしか現れない幽霊もいるのはなぜか、その理由を説明できない。ほかには、静電界や磁界、おそらく原子構造の波動力学のイメージに特に近い、力の場のようなものが存在するのではないかとしている説もある。この力の場の中に点在する、集中したエネルギーが肉体と精神だという。死ぬと、肉体のエネルギーは急速に消散する。しかし精神のエネルギーは相当長い間集中したまま残る。テレパシー（精神感応力）を持っている人や、死者とコミュニケーションを取ることのできる人々は、そのような精神エネルギーが残っている場所へ「合わせる」ことができる。大気を通過していく幅広い周波数のなかから一つの信号をラジオが受信するように、である。

霊的な存在（エンティティー）がこの力の場にあり続ける様子をわかりやすくするために、例え話をしてみよう。穏やかな晩に湖の上を静かにボートをこぐと、水から引き上げられたオールが小さく激しい渦を作り、渦は水をらせん状にかき回す。これらの渦は湖の上を流れていき、徐々にエネルギーを失いながらも、ボートがそこにいたことを表している。同じように、強烈な経験、例えば痛みやショックなどが、力の場に渦を生じさせることがある。死後もエネルギーはそこに残り、誰かに受信されることもある。ポルターガイスト現象も、この力の場の仮説を用いれば、ほかのどの説よりもうまく説明できる。

パラレルユニバース（平行宇宙）

さらに、時間の性質をうまく利用して幽霊を説明しようとする理論もある。「時間の矢」というように、ほとんどの科学者は、時間というものは前にしか進まないと考えている。そして時間をさかのぼれないのと同じように、未来を見にいくことも不可能であると。しかしアインシュタインは時空連続体の概念を構築中に、3次元の空間と1次元の時間は互いに切り離すことはできないことに気づき、日常の体験はすべて、その4次元の枠の中で行われていると指摘している。ここから発展させて、空間次元が

心霊研究家のG・N・M・ティレル。1908年に心霊現象研究協会に加わり、無線通信の発展において成功した後、心霊現象の研究に専心した。

どの時間にも存在するのと同じように、すべての時間、つまり過去・現在・未来は、無限に並ぶパラレルワールドに同時に存在するということもできるという。

アインシュタインの理論をここまで発展させたのは、エンジニアでもあり数学者でもあるJ・W・ダンである。ダンは幽霊について言及していたわけではない。しかし、幽霊が「見えている」というのは、自分たちの時間枠から、別の時間枠で起こっている出来事を見ている状態ではないかと考えてしまうのである。

付録6　フィクションのなかの幽霊

古典文学や暗黒時代の叙事詩のなかにはたくさんの幽霊が登場しているが、それらがフィクションと

エベネーザ・スクルージの前に現れたジェイコブ・マーレイの霊。チャールズ・ディケンズの『クリスマス・キャロル』は本格的な幽霊の活躍する初の小説だった。

映画『陽気な幽霊』で、レックス・ハリソンはケイ・ハモンド演じる幽霊につきまとわれる。ノエル・カワードの戯曲が原作。

して扱われることはあまりない。読者はもちろん作者さえも、歴史上の事実であると考えていた。実際、17世紀に散文小説が書かれるようになる前に歴史に登場しない幽霊が書かれているのは、戯曲のなかだけである。

　ネクロマンシー（死霊術）によって呼び出されたヘレンの魂を幽霊と考えれば、マーロウの戯曲『フォースタス博士の悲劇』（１５９４年）が、幽霊を登場させた最初の優れた作品ということになるだろう。ただし、フォースタスは実在の人物であったから、マーロウは彼とメフィストフェレスとの契約も本当にあったことだと信じていたと思われる。シェークスピアの幽霊たち（ハムレットの父親や、マクベスに出てくるバンクォウなど）でさえ、歴史を演出する役割として描かれている。

　どこから見てもフィクションであるという幽霊は18世紀半ば、「ゴシック」小説が流行し出した頃に登場する。例えば、『オトラント城奇譚』（１７６５年）の著者のホーレス・ウォルポールは、「自分の中にあった想像力やイメージ、情熱を自由に働かせて」書いている。ゴシック小説には、必ずといっていいほど幽霊城や墓場、心を揺さぶられるような美しい情景が描かれていた。後にこの分野では、メアリー・シェリー、エドガー・アラン・ポー、シェリダン・レ・ファニュなどが出てきて活躍した。しかし、彼らの話は純粋に超常的なものというより、ホラー的な要素のほうが強かった。

　19世紀初めにはワシントン・アービングが、米国に早くに入植していたオランダ系移民たちの言い伝えに手を加えて、『スリーピーホロウの伝説』などを発表した。しかしなんといっても、完璧な「幽霊譚」は、ディケンズの『クリスマス・キャロル』（1843年）が最初だろう。この話に出てくる幽霊は四人。ジェイコブ・マーレイに、過去・現在・未来のクリスマスの幽霊たちだ。それに、ガチャガチャと鳴る鎖に、不吉なノックの音や足音。プリニウスが書いたアントニウスの幽霊譚のなかでも、これらはドラマチックに盛り上げるための役割を担っていたし、ディケンズほどの大作家でなくても皆、幽霊話に欠かせない要素として取り入れている。ディケンズはそのほかの短編にも、幽霊を登場させている。クリスマス・キャロルから8年後、シャーロット・ブロンテが『ビレット』という小説のなかで修道女の幽霊を描いている。「ここに生きたまま埋められた。私たちを支えているこの地面の下に」

　そのあとも、幽霊小説を書こうという作家はますます増えた。19世紀は欧米にオカルトブームが巻き起こった時代で、小説家たちは皆、大衆の期待に応えようとしたのである。ディケンズと親しく、仕事もともにしていたウィルキー・コリンズは、伝統

映画『幽霊と未亡人』のレックス・ハリソンは、ジーン・ティアニーが移り住んだ家に現れる亡霊を演じている。ロマンティックな幽霊の物語。

的な幽霊を描いた『幽霊ホテル』（1879年）などの小説を次々と発表している。

19世紀の終わりには、幽霊譚は文学の一ジャンルとして確立され、『カンタヴィルの亡霊』（1887年）のオスカー・ワイルドのように、著名な作家たちも数多く書いていた。そして、ヘンリー・ジェイムズが「不用心な読者へのわな」を仕掛けてあると言った『ねじの回転』（1898年）は非常に不気味で、古典的名作とされている。悪意を持つかつての使用人ピーター・クイントと、彼と関係があったという前任の家庭教師ミス・ジェスル、そして彼らの犯した、屋敷の子どもたちに対する罪。恐怖の上に恐怖を重ねていく描写が見事である。

聖書学者のM・R・ジェイムズの『好古家の怪談集』（1904年）は、恐怖を描いた珠玉の短編を集めたもの。ジェイムズのライバルに、アルジャーノン・ブラックウッドがいる。彼は1906年に短編集『空家』で小説家デビューを果たしてから、実に30冊以上もの本を出している。

20世紀に入り懐疑主義が台頭してくると、幽霊話は二つに分かれて歩み始めた。H・P・ラブクラフトの小説のように、強烈な恐怖の世界へさらに深く入り込んでいくものか、もしくは軽い、娯楽の要素の強いものである。

しかし、スーザン・ヒルの短編『黒衣の女』（1983年）を原作とした芝居がロングランを続けたように、まだ昔ながらの幽霊話を好む人々は多かった。スティーブン・キングの小説『シャイニング』（1977年）は、家族と雪に閉ざされたホテルで、少年がかつてそこで起きた残忍な事件を、霊的な力を使って「見る」というストーリーだが、ラブクラフトの世界をしっかりと書き継いでいる。

さらにあとになると、リンゼイ・クラークの小説『科学の結婚』（1989年）やA・S・バイアットの『抱擁』（1990年）が、幽霊の物語に新しい方向性を与えている。

映画の中の幽霊

１００年以上も前に映画というメディアが世に現れてからというもの、幽霊はより本物らしく表現されるようになった。例えば、ノエル・カワードの戯曲を原作とした『陽気な幽霊』に出てくるのんきな女性の幽霊や、友だちのような『キャスパー』、怖いけど憎めない『ゴーストバスターズ』のお化けたち。『ゴースト／ニューヨークの幻』（１９９０年）では、現世に残る恋人の元を離れられないロマンティックな幽霊が描かれている。

マイケル・キートンがおどけた幽霊を演じる荒唐無稽なコメディ映画『ビートルジュース』

しかしもちろん観客を震え上がらせるホラー映画も健在である。スティーブン・キングの小説をスタンリー・キューブリックが映画化した『シャイニング』（１９８０年）。スティーブン・スピルバーグ製作の『ポルターガイスト』（１９８２年）は、優れた特殊効果を駆使して視覚に訴えた。『インシディアス』シリーズ（２０１１年〜）や『パラノーマル・アクティビティ』などは、防犯カメラやハンディーカメラに残されていたという設定の映像を基にストーリーが展開していく。

このファウンドフッテージ（残されていた映像）と

映画『ゴースト／ニューヨークの幻』では、パトリック・スウェイジの演じる幽霊が、悲しみに暮れる恋人（デミ・ムーア）の元へ戻ってくる。

いう手法を使ったジャンルが確立したのは、『ブレア・ウィッチ・プロジェクト』（1999年）の成功が大きかった。この映画は、三人の学生が、不気味な言い伝えを題材にしてドキュメンタリーを撮ろうとメリーランドの森へ入っていったが行方不明になり、その後発見された映像フィルムを公開したという設定になっている。

　最近では、東アジアの映画界もホラー映画を次々と世に送り出して大成功を収めている。日本の『リング』（1998年）、シンガポールと香港の合作映画『the EYE【アイ】』（2002年）などは、ハリウッドでもリメイクされている。

　心理描写が秀逸な古典的ゴシックホラー映画としては、ヘンリー・ジェイムズの小説『ねじの回転』を映画化した『回転』（1961年）や、『回転』と似た設定で幽霊屋敷ものの伝統を踏襲している『アザーズ』（2001年）などが挙げられる。また、『シックス・センス』（1999年）は、死者の姿が見えるという少年に向き合っていく小児精神科医の心理を丁寧に描いた恐怖映画だ。

　100年前と変わらないくらい、現在の私たちも幽霊を信じていると仮定するなら、小説家や映画制作者はこれからもフィクションの幽霊物語を語り続けるだろう。喜劇、恋愛もの、心温まるもの、ゾッとするもの、ショッキングなもの、どんな幽霊物語でも。

【ま行】

【や行】

【ら行】

【わ行】

【な行】

【は行】

【さ行】

【た行】

索引

【英数字】

【あ行】

【か行】

索引

世界の幽霊出現録

2021年8月2日　第1版1刷

著者　ブライアン・インズ
翻訳　大島 聡子
編集　尾崎 憲和
装丁・デザイン　谷関 笑子(TYPEFACE)
制作　クニメディア
発行者　滝山 晋
発行　日経ナショナル ジオグラフィック社
〒105-8308　東京都港区虎ノ門4-3-12
発売　日経BPマーケティング
印刷・製本　開成堂印刷

乱丁・落丁本のお取替えは、こちらまでご連絡ください。
https://nkbp.jp/ngbook

ISBN978-4-86313-494-2　Printed in Japan